KB271379

사람이 묻는다
역사가 답한다

위대한 역사가 일러주는 천하 경영으로의 길

사람이 묻는다
역사가 답한다

김동욱 지음

알키

어떻게 역사를 읽을 것인가

"역사는 헛소리다. 역사를 공부하는 것은 시간을 낭비하는 짓이다."

생산기법의 혁명을 가져온 포드주의^{fordism}의 선구자이자 자동차의 왕 헨리 포드^{Henry Ford}의 말이다. 얼핏 생각하면 경영사에 위대한 족적을 남긴 CEO의 발언이라고는 믿겨지지 않는다. 하지만 어쩌면 이 말은 역사가 기업의 미래를 예측하고, 사람을 부리는 직접적인 도구가 되지 못한다는 생각에서 나온 한탄이 아니었을까?

실제로 많은 사람들은 역사와 경영이 서로 멀리 떨어져 있는 별개의 존재라고 생각한다. 대다수 대학의 경영학과 커리큘럼에서 역사는 완전히 관심 밖에 놓인다. 고등학교 국사시간을 끝으로 역사책과는 인연을 끊고 산업현장으로 진출하는 젊은이도 적지 않다.

그러나 오히려 기업을 운영하는 CEO들 중에서는 어떤 이유로든 역사에 관심을 갖고 이를 공부해보려는 이들을 어렵지 않게 찾아볼 수 있다. 그들 가운데 상당한 내공을 지닌 이도 적지 않다. 안타까운 것은 역사를 그저 개인적인 흥미 차원에서 바라보는 이들이 대다수라는 사실이다. 역사책에 나오는 수많은 사건들을 자신의 일상이나 회사 일과 완전히 동떨어진 것으로 여긴다는 것이다.

그도 그럴 것이 과거와 오늘날의 환경은 비슷하지조차 않다. 사실 노예제도를 비롯한 강력한 신분제도, 자본주의 성립 이전의 척박한 경제력, 오늘날로 치면 한참 일할 나이에 생을 마치는 짧은 수명, 시도 때도 없이 벌어지는 전쟁, 아동에게 거리낌 없이 노동을 시키고 수많은 자식들이 태어나자마자 죽어가던 극단적인 상황 등은 현대의 우리가 해결해야 할 과제들과는 너무나 판이하다. 고대 그리스와 중세 중국, 근대 영국의 사람들이 직면했던 상황과 21세기 한국인들이 처한 상황 사이에는 겉만 봐선 공통점을 찾을 길이 없다.

역사란 무엇일까? 누구나 다른 정의를 내릴 수 있겠지만, 나는 역사가 사람들이 살아온 과정의 기록이라고 생각한다. 나아가 사람들이 모인 집단과 집단 사이의 접촉 그리고 그 집단 간의 경쟁이 만들어낸 결과물의 기록이라고 생각한다. 이런 점에서 보면 역사의 패턴이 오늘날에도 들어맞을 가능성이 있진 않을까? 굳이 '역사는 반복된다'는 흔한 말을 하지 않아도 이는 맞는 이야기처럼 보인다. 그렇다면 경영에서는 어떨까? 역사와 경영 역시 사실상 동전의 양면처럼 밀접한 관계를 갖고 있는 것은 아닐까? 이 책은 바로 이러한 의문에서 시작되었다.

기업이란 결국 공동의 목적, 즉 '이익'을 이루기 위해 모인 사람들의 집단이다. CEO는 그 집단의 구성원들을 요령 있게 잘 다뤄서 그들의 잠재력을 최대한 뽑아내는 사람이라고 정의할 수 있다. 이때 경영이란 구성원들이 공동의 목적을 가장 빨리 효과적으로 달성하도록 경영자에게 도움이 되는 기술을 지칭하는 말일 것이다.

사람들이 어떻게 살아왔는지를 남긴 흔적이 역사이고, 사람을 부리는 기술이 경영인 것이다. 사람이 살아온 모습은 시대마다, 또 개인마다 다르지만, 그 패턴이나 인간의 본질적 특성이 예나 지금이나 크게 달라지지 않았다고 한다면 역사와 경영만큼 인연 깊은 존재도 없는 셈이다.

그러나 아무리 역사와 경영이 밀접하다고 하더라도 역사의 교훈을 경영에 그대로 접목하는 것은 쉬운 일이 아니다. 아니, 접목은 커녕 비즈니스맨들이 역사를 제대로 공부할 시간이 있기나 한가? 게다가 '역사를 알긴 알아야 하는데'라고 생각하면서도 무엇부터, 어떻게 공부해야 하는지 그 방법을 모르는 이들 역시 태반이다.

그런 의미에서 역사가 비즈니스맨들에게 길잡이가 되고, 어느 정도 쓸모 있는 도구가 되었으면 하는 바람으로 이 책을 집필했다. CEO를 비롯한 리더들은 물론이거니와 비즈니스맨 전체가 역사를 거울로 삼아, 각자가 처한 문제적 상황의 해결점을 찾아내는 데 이

책이 작은 실마리가 되도록 구성해보았다.

이 책은 총 5장으로 이루어져 있다. 각 장의 주제는 비즈니스에서 우리가 가장 많이 직면하게 되는 문제들로 잡았다. 이러한 관점은 역사 속 수많은 사건들을 경영자의 시선에서 읽어내려가는 데 도움을 줄 것이다. 또한 구석기부터 공부해야 할지 조선시대부터 공부해야 할지 혹은 서양사가 더 중요한지 동양사가 더 중요한지 갈피를 잡지 못하며, 전혀 방향을 세우지 못하는 이들에게 제 나름의 관점을 갖게 만드는 길을 제시해줄 것이다.

또 하나, 본문은 역사공부가 시간낭비가 되지 않도록 인간의 본성과 조직의 원리가 적나라하게 드러나는 역사 속 사례들과 현대의 경영트렌드를 접목하는 형식으로 구성했다. 과거의 위대한 리더들의 발자취를 돌아보는 것만큼 좋은 케이스스터디는 없을 것이라는 생각에서 리더들의 이야기 역시 비교적 많이 담았다.

책의 내용은 '김동욱 기자의 역사책 읽기'라는 이름으로 2008년 말부터 운영해온 개인 블로그http://blog.hankyung.com/raj99에 올린 글들 일부를 다듬고 보완하여 정리했다. 온라인매체인 블로그에 작성된 글들을 전형적인 오프라인 그릇인 책에 담게 된 셈인데, 모든 내용을 한눈에 파악하고 참고하는 데는 여전히 책이 훨씬 유용한 도구라고 여긴다.

이 책이 태어나기까지 여러분들의 도움을 받았다. 무엇보다 지난 3년간 함께 일했던 〈한국경제신문〉 국제부 선후배 동료들께 감사의 말을 전하고 싶다. 그들과 함께 찾고 공부했던 최신 해외 경영 사례들은 이 책을 쓰는 데도 큰 도움이 되었다. 또한 자식이 어떤 일을 하든지 간에 언제나 믿고 지원해주셨던 부모님께도 감사의 말씀을 올린다. 장인·장모님 등 가족의 힘이 없었다면 이 책은 나오지 못했을 것이다.

무엇보다 사랑하는 아내와 얼마 전 태어난 딸 예원에게 이 책을 바친다. 2010년 첫 책을 발간할 무렵에는 큰아들이 태어나 그 녀석에게 책을 바쳤는데, 마침 두 번째 책 발간에 맞춰 딸아이가 태어나 정말 기쁘다. 아이가 커서 멋진 커리어우먼이 되어 이 책을 즐겁게 읽는 모습도 상상해본다.

마지막으로 부족한 글을 예쁘게 다듬어 책으로 만들어준 알키 편집부에도 감사의 말씀을 전한다. 이 책이 역사에 대해 편견을 갖고 있거나 반대로 역사에 큰 관심을 갖고 있는 모든 분들께 조금이나마 도움이 되었으면 하는 바람이다.

김동욱

차례

 **1장 기회**

5장 도약

1

기회

‘기회’를 의미하는 영단어 ‘chance’는 라틴어로 ‘떨어진 것^{that which falls out}’을 의미하는 ‘카덴치아^{cadentia}’에서 유래했다. 이처럼 우연히 ‘주어진 것’만을 의미하던 단어에 ‘위험을 무릅쓰다^{to risk}’라는 뜻이 추가된 것은 19세기 중후반에 이르러서였다. 이는 산업혁명으로 경제가 급팽창하던 시기, 자본주의의 거친 속살이 거리낌 없이 드러나던 당시 시대상과 무관치 않을 것이다. 그때는 근대적 의미의 기업들이 우후죽순 태동하면서 본격적인 경쟁 국면에 돌입했던 순간이기도 했다.

흔히들 기회는 동등하게 주어진다고 말하곤 한다. 하지만 기회가 기회라는 것을 파악하는 감식안鑑識眼, 한 번 주어진 기회를 잡아채는 순발력, 없는 기회도 만들어내는 준비성, 위기를 기회로 바꾸는 대응능력은 사람마다 다르게 마련이다. 따라서 기회는 리더와 팔로워를 구분하는 가늠자다. 좋은 지도자와 나쁜 수장을 나누는 기준이기도 하다.

지금부터 기회라는 거친 호랑이의 등을 맨손으로 올라타 호령하려 했던 영웅적 인물들의 눈물겨운 사투를 만나보자. 새로운 시대의 문을 열고 역사를 다시 써내려갔던 것은 바로 이들, 주어진 것을 넘어 위험을 무릅쓰고 기회를 잡아챘던 인물들이었다.

미래예측은 진실인가, 사이비인가

불확실성은 역사가 가진 숙명이다

"펑! 펑! 펑!"

포병장교 출신이던 나폴레옹Napoléon Bonaparte은 근대전쟁의 개념을 혁신적으로 바꾼 인물이다. 그는 빼어난 대포 스페셜리스트였던 만큼 유럽역사를 뒤바꾼 수많은 전장에서 각종 포를 활용하여 격전의 승부를 결정지었다.

자신의 출세가도를 열었던 1793년 툴롱전투에서는 대포가 보병을 엄호하는 역할을 벗어나 전쟁 역사상 처음으로 공격의 창끝이 됐다. 프랑스 혁명정부는 대포의 활용법을 바꾼 청년 장교 나폴레옹 덕에 영국과 스페인 등 외부 반혁명세력들이 장악하고 있던 툴롱 항을 되찾을 수 있었다.

나폴레옹의 전성기를 기념하는 대승으로 평가되는 1805년 아우스테를리츠전투의 하이라이트 역시 포병전술이었다. 병사 수가 두 배 이상인 오스트리아-러시아 연합군을 얼어붙은 호수 위로 몰아넣은 뒤 호면湖面에 집중포격을 가해 도망치는 적군을 수장시켰던 것이다. 자신이 세운 제국을 몰락의 길에 들어서게 만든 러시아 원정, 이때 유일하게 승리를 거둔 보로디노전투에서조차 그는 대포와 함께 울고 웃었다.

오발탄 때문에
승승장구한 나폴레옹

나폴레옹은 전쟁의 단순한 보조수단에 지나지 않던 대포를 전쟁의 주역으로 삼는 발상 전환을 통해 전투의 패러다임을 바꿔나갔다. 그는 기회가 날 때마다 이렇게 되뇌었다.

"군사학이란 모든 기회와 우연을 수학적으로 정확하게 계산해내는 것이다. 10분의 1이라도 오차가 생기면 상황이 바뀔 수 있다."

'~에 대한 수치', '그 정확한 비율', '각도의 정확한 측정' 같은 표현은 나폴레옹이 자신의 전술을 설명할 때 습관적으로 사용하던 말이었다. 이 정도로 나폴레옹은 전쟁 시 대포를 애용했는데, 이렇게 대포가 위력을 발휘할 수 있었던 데는 당시의 전쟁형태가 크게 한몫했다.

전쟁사 전문가인 휴 스트라찬Hew Strachan 영국 글래스고대학 교수에 따르면 유럽 전장戰場의 모습은 루이 14세Louis XIV 시대부터 제1차 세계대전 때까지 근본적으로 큰 변화가 없었다. 굳이 변화를 따지자면 나폴레옹시대에는 군인들이 울긋불긋 화려한 군복을 입었고, 제1차 세계대전 때는 칙칙한 카키색 군복을 착용했다는 점 정도였다. 특히나 전쟁터는 예나 지금이나 전쟁영화에서 흔히 보는 장면처럼 광활한 공터가 아니었다. 오히려 군인과 말들이 빽빽이 들어찬 채 상대방을 마주보면서 싸워야만 하는 비좁은 장소였다.

이처럼 밀집된 상태에서 전투를 치르다 보니 대포가 효력을 발휘할 수밖에 없었고, 여기에 대포 탄환이 어디로 떨어질지 몰랐기 때문에 그 위력은 훨씬 클 수밖에 없었다. 나폴레옹시대의 대포는 그야말로 어디로 튈지 모르는, 예측 불가능성이 가장 큰 공포의 대상이었다.

정확도가 떨어진다는 점 때문에 병사들이 오히려 더 큰 공포에 떨었다고 하니, 어떤 면에서는 정말 아이러니한 일처럼 보인다. 하지만 당시의 대포 탄환은 마치 볼링공이 볼링 핀을 쓰러뜨리듯 전장 여기저기를 튀어 오르면서 병사들의 다리를 절단하거나 병사와 말의 육신을 뭉개고 다녔다. 전쟁영화에서 흔히 보듯 포탄의 파편이 튀어 폭발지점 주변의 병사들이 죽어나갔던 게 아니라, 단단한 전장의 땅 위를 무거운 쇳덩어리 포탄이 반복해 통통 튀면서 주변의 인마人馬들을 살상했던 것이다.

한마디로 총구砲口를 벗어나면 어디로 튈지 모르는 오발탄이 당시 대포의 강점이었고 두려움의 원천이었던 셈이다. 즉 공포의 비결은 정확성이 아닌 예측 불가능성에 있었다. 이와 같은 대포의 예측 불가능성은 나폴레옹 최후의 결전이라 할 수 있는 워털루전투의 운명마저 갈랐다. 예측 불가능성을 통제하지 못한 나폴레옹이 마지막에 가서 쓰라린 패배를 맛봐야 했던 것이다.

물론 폴 케네디Paul M. Kennedy 예일대 교수를 비롯해 대부분의 역사가들은 워털루전투의 승패와 관계없이 나폴레옹의 재기 가능성과 성공확률이 매우 희박했을 것이라고 분석하긴 한다. 또한 역사의 흐름에 영향을 주는 여러 외부변인도 있었을 것이다. 하지만 역사상 가장 극적인 전투의 성패를 갈랐던 데는 분명 오발탄의 역할이 매우 컸다.

전투가 열리기 전날 밤, 워털루와 그 인근 지역에는 폭우가 쏟아져 내렸다. 엄청난 비는 전장환경을 완전히 변화시켰고 이로 인해 게임의 법칙마저 달라지고 말았다.

밤새 쏟아진 폭우 때문에 나폴레옹의 군대는 진군에 애를 먹어 헛심을 썼다. 가장 큰 타격은 폭우의 여파로 대포가 제 힘을 발휘하지 못한 것이었다. 묵시록에 나오는 풍경처럼 쏟아진 비에 땅이 물

■ 윌리엄 새들러의 〈워털루전투〉ⓒ Wikimedia Commons

러지는 바람에 포탄은 반복해 튀며 사람을 잡는 대신 진창에 박혀 버리기 일쑤였다. 땅에 박힌 포탄은 살상력을 현저히 상실했다. 자연히 대포의 예측 불가능성이 크게 줄어들면서 나폴레옹의 최대 장기였던 포병부대의 위력은 급감했다.

실제로 지난 2003년 나폴레옹시대에 사용됐던 대포를 가지고 실험을 해본 적이 있었다. 그 결과, 나폴레옹 포병의 효력은 전투 전날 내린 폭우로 엄청나게 감소되었음이 밝혀졌다고 한다.

예측하려 하지 말고
변수부터 헤아려라

나폴레옹은 오발탄의 예측 불가능성을 자신의 것으로 활용했을 때 성공 가도를 달렸고 오발탄이 가져다 준 예상치 못한 행운을 더이상 자기 것으로 만들 수 없게 됐을 때 권좌에서 내려와야만 했다.

나폴레옹시대의 오발탄과는 비교도 할 수 없을 만큼 오늘날의 사회는 급변하고 있다. 이제는 날이 갈수록 미래를 예측하기 힘들어져 사람들은 현대를 일컬어 불확실성의 시대라고까지 말한다.

하지만 지난 시절을 돌아보면 불확실성이란 언제 어디서나 존재해온, 역사의 숙명과도 같은 것이었다. 역사의 굽이굽이마다 예측하기 어려운 상황은 크든 작든 늘 존재했다. 때문에 나폴레옹의 대포이야기를 비롯한 이런 역사적 사건들을 살펴보는 것은 불확실성이 가중되는 오늘날에 더욱 큰 도움이 될 수 있다. 역사가 가진 불확실성이란 속성을 있는 그대로 받아들이고 예측을 하기보다 변수를 통제할 방법을 찾아내는 것이 중요하다는 깨달음을 얻을 수 있기 때문이다.

실제로 미래에 펼쳐질 수많은 변수들을 통제하지 못하고 빠르게 도태되는 기업들이 많다. 몇 년 전만 해도 각 분야 대표기업으로 위세를 떨쳤던 노키아Nokia, 닌텐도Nintendo, RIM, 소니Sony, 파나소닉Panasonic, 샤프Sharp, 에이서Acer, 반스앤노블Barnes & Noble 등이 대표적인 사례이다. 시장의 영원한 강자로 군림할 것만 같았던 이 기업들은 시장을 너무 한 가지로만 예측한 채 그에 대한 전략만을 세우고 다른 변수들을 깡그리 무시한 나머지, 급격한 쇠락의 길에 접어들고 말았다.

그러나 단지 변수를 통제하는 데만 급급하게 되면 시장에서 살아남는 데는 성공할지언정 포식자로 등극하지는 못할 것이다. 진정한 강자는 다른 방식으로 접근한다. 바로 패러다임을 직접 설계하여 미래의 판도를 바꾸고 시장의 불확실성을 스스로 만들어가는 것이다.

대표적인 것이 바로 미국의 IT업체 애플Apple이다. 애플은 변수를 통제하기보다는 역사를 새로 쓰는 쪽을 택하여 다른 업체들에게 불확실성의 공포를 불러 일으켰다.

전문가용 컴퓨터 제조업체였던 애플은 컴퓨터시장에 닥칠 미래 변화를 예측하고 다양한 리스크를 계산하는 것을 넘어 아이팟, 아이폰, 아이패드로 이어지는 일련의 새로운 생태계를 만들어냈다. 애플의 예상 밖 포격에 휴대전화와 노트북, 게임기, 전자책 업체들은 쑥대밭이 되어야만 했다. 특히 휴대전화업계의 강자로 불리던 노키아와 확실한 틈새시장을 확보하고 있던 RIM은 아이폰으로 촉발된 '스마트폰 시대'라는 예상치 못한 직격탄에 쓰러지고야 말았다.

세계 최대의 휴대전화 제조업체라고 자부했던 노키아는 스마트폰을 애플보다 먼저 개발해놓고도 시장의 중요성을 간과하는 자충수를 뒀다. 노키아가 절대 우위를 보이던 피처폰시장을 스마트폰이 잠식할 것이라는 우려가 노키아로 하여금 몸을 사리게 만든 것이다. 노키아는 스마트폰시장이 걷잡을 수 없이 퍼져나갈 수 있다는 중요한 변수에는 눈을 감았던 모양이다.

이제는 애플이 비즈니스역사의 불확실성 그 자체가 되고 말았다. 애플이 어떤 제품을 내놓느냐에 따라 전혀 예상치 못한 곳에서 환호가 나올 수도, 비명이 나올 수도 있는 상황이 된 것이다. 실제로 노키아 같은 휴대전화업체들이 아이폰의 직격탄을 맞았다면 닌텐도와 에이서 등 다른 분야 업체들은 통통 튀는 아이폰발 '유탄'을 맞고 사세가 크게 쪼그라들었다. 정말 황당하게도 예상치 못한 오발탄의 희생자가 된 것이다.

시장의 판도를 변화시킬 불확실성을 야기하는 존재는 작은 입김 한 번 내쉬는 것만으로도 커다란 공포를 유발한다. 애플의 행보에 전 세계 주가가 오르락내리락 하는 것이 그 방증이다.

당신 주변에 가장 큰 불확실성을 야기하는 존재는 누구인가? 그 존재의 움직임을 예의 주시하며 그가 만들어낼 다양한 미래의 변수들을 충분히 헤아리고 있는가? 혹은 당신 스스로가 불확실성을 만들어내는 강자가 되고 싶진 않은가? 그러기 위해 어떤 준비를 해야 하겠는가?

위대한 선택은
무엇에서 시작되는가

범인凡人**에게 직관은 독이다**

기회라는 미인을 맞이하는 자는 용감한 자이기도 하지만 준비하는 자이기도 하다. 중국시장에 진출한 한국기업들이 고전을 면치 못하고 있다는 소식을 접할 때마다 그들이 과연 제대로 된 준비를 하긴 했는지 의심스러울 따름이다. 싼 노동력에 거대한 소비시장이라는 매력을 지닌 '노다지' 중국의 신화는 이미 오래전에 신기루처럼 사라졌다. 철저한 준비 없이 중국시장을 쉽게 보고 달려들었다가 낭패를 보는 이들이 한둘이 아닌 것이다.

롯데백화점은 중국 1호점인 베이징점에서 손을 뗐다. 2008년 8월

베이징 최대 번화가인 왕푸징 거리에 중국 유통그룹 인타이^{印台, Yintai}
와 50대 50 합작으로 점포를 연 지 약 4년 만에 실적 부진 등을 이
유로 두 손을 들어버린 것이다. 점포 운영을 둘러싼 합작사와의 갈
등이 적지 않았던 것으로 전해지고 있다.

중국이 기회의 땅이라고?
천만의 말씀

　산둥성 칭다오시에 진출했던 한 중소기업이 겪은 사례는 중국
시장의 위험성을 극명하게 보여준다. '신신체육용품유한공사'라는
어느 스포츠용품업체가 몇 달째 현지 주민들에게 공장을 봉쇄당해
제품을 생산하지 못하는 큰 피해를 입고 있다고 한다. 1991년 현지
촌^村 정부와 50년 토지임대계약을 맺었는데 촌 정부가 어느 날 갑
자기 임대료를 세 배나 인상해달라고 요구하면서 문제가 불거졌다
는 것이다.

　회사 측이 임대료 인상요구를 거부하자 촌 정부는 물리력을 동
원해 조업을 방해했다. 촌 정부는 또한 과기의 계약을 무시하고 일
방적으로 임대차 계약을 해지했다. 뿐만 아니라 주민을 동원해 쇠
사슬로 공장 정문을 걸어잠그고 출입을 막았다. 칭다오 한국영사
관까지 나서 이들을 업무방해혐의로 고소하고 칭다오시 정부에 조

치를 요구했지만 칭다오시는 수수방관만 하며 시간을 끌고 있다. 정말 분통 터질 노릇이 아닐 수 없다.

이러한 일들은 수두룩하다. 톈진 등 주요 도시에서는 한국인 간부들이 중국인 직원들에게 폭행당하는 사고가 잇따라 일어나기도 했다. 또한 몇 년 전부터 중국 국영방송 CCTV에서는 주요공장의 파업상황을 자극적인 화면으로 보도하면서 파업을 조장하는 듯한 행보도 보이고 있다. 일각의 분석에 따르면 '말을 고분고분 듣지 않는 외국기업을 다루기 위한 것'이라는데, 설득력 있는 얘기다. 그래서일까. 중국에 생산 공장을 마련했던 국내기업들이 우리나라로 되돌아오거나, 이런 저런 이유로 중국시장에서 실패한 일부 사업가들이 야반도주를 했다는 소식마저 심심찮게 들려온다.

국내업체뿐 아니라 해외 유수의 글로벌기업조차도 중국에서 힘을 쓰지 못하는 건 매한가지다. 세계최대의 패스트푸드 업체인 맥도널드Mcdonald's는 중국시장에선 별다른 재미를 보지 못하고 있다. 원자재가 상승, 인건비 부담에 중국언론의 견제까지 넘어야 할 산이 너무나 많기 때문이다.

각각 세계 1위, 2위 유통업체인 월마트Walmart와 까르푸Carrefour도 중국 소비자들의 자존심을 건드리고 배짱영업을 하다가 실적이 악화되어 크게 휘청거렸다. 자존심 강한 영국의 패션업체 폴스미스Paul Smith도 2005년 중국 베이징과 상하이에 매장을 열었다가 이듬해 "아직 중국사람들은 패션을 모른다"라는 어이없는 말만 남긴 채

철수한 뼈아픈 경험을 가지고 있다.

모두 중국시장을 얕보고 성공을 과신하다 빚어진 우매한 모습들이다. 시장에 대한 철저한 분석과 대비가 없었던 데는 변명의 여지가 없을 텐데도, 여전히 중국 탓을 하는 등 정신 차리지 못한 기업이 한둘이 아니다.

이러한 실패패턴은 19세기에도 살펴볼 수 있다. 21세기 기업들의 중국 실패담을 예고하는 기막힌 프리퀄을 한번 살펴보자.

중국에 포크와 피아노를 팔기로 한 영국

영국이 중국을 '잠자는 사자'에서 '잠자는 돼지'로 만들어버린 아편전쟁 직후, 영국은 중국시장 개척을 무척이나 낙관했다.

19세기 산업혁명으로 인해 생산이 비약적으로 증가하고 있던 영국으로서는 생산된 제품을 소화해줄 대규모 시장이 절실히 필요했다. 영국입장에서는 중국이 거대한 인구를 갖췄을 뿐 아니라 여러 산업 부문에서 영국 기업들의 상대도 되지 않았으니, 아마 완벽한 '호구'로 보였을 것이다.

재미있는 사실은 오늘날의 각종 경제사 연구결과에 따르면 중국은 1830년대에도 이미 세계 제조업생산의 30퍼센트를 차지하는 제조업 대국이었다는 것이다. 19세기 중반이 되어서야 영국에 생산량이 밀린 만큼 호구란 표현은 적합하지 않았을 테지만 당시 영국인들은 정확한 사실에는 아랑곳하지 않고 당연히 중국을 얕잡아보기만 했다.

■ 아편전쟁 ⓒ Wikimedia Commons

영국은 아편전쟁 발발 이전에 중국 광둥성과 인도, 영국 간의 삼각무역을 통해 중국으로부터 차를 수입하는 대신, 면직물, 납, 주석, 철, 구리, 모피, 리넨linen과 잡화류 등을 소량 수출하던 구도를 단번에 바꾸길 바랐다. 결국 1842년 난징조약이 체결된 직후 영국의 전권대사이던 H. 포틴저H. Pottinger 경은 "랭커셔의 모든 기계를 가동해도 (중국) 한 개의 성에 필요한 양말재료를 제공하기조차 충분하지 않다"라고 이야기하며 중국시장 개척에 관해 대단히 낙관적인 전망을 내놨다.

중국이 1843년 처음으로 5개의 교역항을 개방한 직후에는 포틴저 경의 발언대로 시장이 영국 측의 의도에 따라 술술 굴러가는 것처럼 보였다. 아편전쟁 때 잠시 중단되었던 교역이 재개되면서 일시적으로 영국산품에 대한 수요가 늘었기 때문이다. 이 시기에 영국산 면제품과 모직물은 상당히 괜찮은 가격으로 중국시장에 팔려나갔다.

하지만 1840년대 중반이 되면서 영국의 대중국 무역은 침체에 빠지게 된다. 1845년에는 전년대비 중국 구매력이 3분의 2 수준으로 떨어졌다. 1850년대가 되어도 영국의 대중국 수출은 1843년의 수준을 회복하지 못했고, 1854년에는 오히려 더 떨어지게 된다. 20세기 덩샤오핑鄧小平의 개혁개방 정책으로 중국시장이 개방되면서 '거대한 인구를 지닌 중국시장에서는 상품을 무한히 팔 수 있다'라고 굳게 믿었던 사람들의 꿈이, 그에 앞선 19세기에도 일장춘몽이었던 것으로 밝혀졌던 셈이다.

19세기 영국이 중국시장에서 악전고투했던 데는 영국이 중국시장을 안일하게 봤던 탓이 컸다. 영국은 중국과 접촉했던 초기부터 중국도 영국처럼 사고하고 행동할 것이라고 단정했다. 이는 1787년 조지 3세George III가 청나라 건륭제乾隆帝에게 보낸 국서에도 잘 나타난다.

양국 간에 잘 조율된 교역은 두 나라의 행복을 증진하고 혁신을 도모하며 산업발전과 국부증진에 도움을 줄 것입니다.

즉 애덤 스미스Adam Smith식 자유무역주의를 중국 측도 받아들이고 있을 것이라 이미 단정했던 것이다.

이 같은 영국인들의 자국 중심적인 인식은 19세기 중반에도 크게 변하지 않았다. 당시 영국은 중국음식을 먹을 때는 젓가락을 사용하는 것이 편하다는 사실을 무시하고, 유럽에서나 쓰는 나이프와 포크를 중국에 보급하려고 했다. 자신들의 식문화가 보편적인 것이라는 오만한 생각을 가지고 관련 시장을 키우려 한 것이다. 이에 따라 영국 셰필드의 식기회사는 아무런 시장조사도 없이 나이프와 포크 등의 제품을 중국에 보냈다.

한편 한 피아노 제조업자는 당시 3억~4억 명에 달하던 중국인구 중 최소 100만 명 정도는 유럽의 중산층처럼 자신의 거실에서 피아노를 연주하고 싶어할 것이라 단정했다. 그러고는 엄청난 양의 피아노를 중국으로 밀어내기도 했다.

범인들은 직관보다 자료와 정보를 믿어야 한다

영국과 중국의 문화적 차이에 대해 영국상인들은 무지했을 뿐 아니라 무관심했다. 또 이때 중국에 진출한 상인들 중 상당수는 영국의 식민지였던 인도에서 사업을 했던 인물이거나 동인도회사 출신으로, 인도시장과 중국시장 또는 중국 광둥시장과 내지시장의 차이를 잘 몰랐다.

그럼에도 영국상인들은 중국시장에서 생각만큼 제품이 팔리지 않자 '내 탓이오'를 외치지 않고 중국인과 중국 관료의 정치적 방해 탓을 하며 책임을 그들에게 돌렸다. 중국시장이 아직 제대로 개방되지 않아 무역이 여전히 중국 주변부에 국한되어 있다는 것이 영국상인들의 논리였다. 또한 독점적 중개인제도로 인해 제약이 많다는 주장 역시 되풀이했다.

결국 영국은 중국 북부의 무역항을 더 많이 개항해줄 것과 중국 국내에서 영국인이 자유로이 여행하며 장사할 권리를 인정해줄 것을 중국정부에 요구했다.

1850년대까지 영국의 수상 파머스턴Henry John Temple Palmerston도 중국의 정치적 장애가 아편전쟁으로 얻은 수확을 가로막는 원인이라 생각하고 무력을 사용한 추가 강경책을 모색했다. 이에 따라 영국은 제2차 아편전쟁을 벌여 상인들의 요구를 반영한 두 번째 조약을 맺기에 이른다. 이에 따라 11개의 항구가 추가로 개항되고 외국인의 중국 내 자유여행이 허용됐다.

하지만 영국상인들의 낙관적인 기대와는 달리 양국 간 무역의 신장속도는 실망스러울 정도로 더뎠다. 그 결과, 1890년대까지 시장은 별다른 성장세를 보이지 않았다. 아편을 제외하고는 1890년 이전에 중국에서 확실한 시장을 확보한 외국상품이 하나도 없을 정도였다.

기회의 이면에 숨어 있는 불확실성을 극복하기 위해서는 다양한 변수를 통제할 수 있어야 한다. 변수를 통제하기 위해 첫 번째로 해야 할 일은 당연하게도 바로 면밀한 조사다. 이는 주어진 기회를 온전히 내 것으로 만들기 위해 하는 것이기도 하지만, 실은 만약의 사태에 대비하기 위해 최소한의 안전망을 만들려고 하는 것이기도 하다.

오늘날이나 예전이나 대국이었던 중국은 늘 누구에게나 기회의 땅이었다. 하지만 성공 가능성이란 실패 가능성과 놀랍도록 정비례하는 법이다. 그럼에도 많은 사람들이 성공 가능성을 극대화하는 일보다 실패 가능성을 최소화하는 일에 집중해야 한다는 것을 간과하곤 한다.

중국의 젓가락문화를 깡그리 무시하고 나이프와 포크를 수출하려 했던 19세기 영국의 모습은 오늘날의 우리가 보기에는 정말로 어리석음 그 자체처럼 느껴진다. 하지만 우리가 평소 중대한 결정을 내리기 전, 과연 결정에 영향을 미치는 다양한 변수들을 찾아내고자 얼마만큼의 조사와 분석을 하고 있는지 생각하면 머리가 갸웃해진다. 최근 수년간 중국시장에 무작정 뛰어들었다가 허탕을 치고 돌아오는 수많은 기업들을 살펴볼 때 이런 의문은 더욱 큰 물음표로 다가온다.

'왠지 잘 될 것 같아'라는 마음만큼 위험한 것도 없다. 스티브 잡스Steve Jobs처럼 직관이 발달하고 운이 좋은 사람이라면 좋겠지만, 우리 대부분은 평범한 사람들이다. 사실 잡스의 삶도 수많은 실패로 점철됐음을 사람들은 기억하지 못하는 것 같다.

직관보다는 자료와 정보에 의존해야 한다. 선택에 따른 결과를 예측할 때 성공시나리오는 하나이지만, 실패시나리오는 수십 가지로 나올 수 있음을 명심해야 한다. 집요하게 따져보고 철저하게 대비하지 않으면 실패할 수밖에 없는 시장의 본질, 나아가 세상의 이치는 예나 지금이나 변한 적이 없다.

결국 성공은
운에 좌우되는 것이 아닌가

승자는 행운의 파이를 스스로 키운다

기회는 아주 드물게 온다. 따라서 한번 잡은 기회는 결코 놓쳐선 안 된다. 흔히들 인생에 세 번의 기회는 있다고 말하지만 이를 돌려 생각하면 평생 만나게 되는 기회가 그만큼 적다는 소리도 될 것이다. 기회는 달리 생각하면 행운이다. 갖가지 변수를 예측하고 그에 대비하여 위험요인을 줄여가며 대박 타이밍을 노리는 한편, 강운이 왔을 때 이를 놓치지 않고 잡아채는 결단력 또한 성공과 실패를 나누는 기준이 되곤 한다. 그런 점에서 보면 행운은 내게 다가올 때까지 기다리는 것이 아니라, 스스로 만들어가야 하는 것이 분명하다.

실제로 기업의 명운을 가르는 중요한 결정 역시, 주어진 단 한 번의 우연한 기회를 놓치지 않음으로써 이루어지는 경우가 많다. 기업 인수·합병^{M&A}의 성공사례로 꼽히는 미국 화학업체 듀폰^{DuPont Inc.}의 덴마크 식품원료업체 다니스코^{Danisco} 인수가 대표적이다.

어쩌다 굴러들어온 행운을 몇 곱절로 불린 듀폰

2011년 5월, 듀폰은 70억 달러(약 7조 9,000억 원)에 다니스코를 사들였다. 이후 다니스코는 듀폰의 주 수익원이 됐다. 2012년 1분기 다니스코가 포함된 식품사업부문 순익은 전년 같은 기간보다 18퍼센트가 늘면서 전체 순익증가율(4퍼센트)을 크게 웃돌았다.

듀폰의 CEO 엘렌 쿨먼^{Ellen Kullman}이 이 같은 대박 결정을 하게 된 데는 행운이 많이 작용했다. 그리고 쿨먼은 우연처럼 찾아온 기회를 단번에 낚아챘다.

어느 날 쿨먼은 자일리톨 생산으로 유명한 업체 다니스코의 CEO 톰 크누첸^{Tom Knutzen}으로부터 자신의 회사를 인수할 생각이 없느냐는 전화를 한 통 받게 된다. 쿨먼에게로 행운이 넝쿨째 굴러들어와 그녀의 거대한 성공신화가 시작되는 순간이었다.

그녀가 〈하버드비즈니스리뷰^{Harvard Business Review, HBR}〉 2012년 7~8

월호에 공개한 M&A 성공비결은 행운을 거머쥐기 위해 그녀가 쏟
은 각고의 노력을 생생하게 보여준다. 우선 그녀는 다니스코에 대
한 조사 및 분석을 통해 사전준비에 집중했다. 크누첸과 통화를 끝
내자마자 믿음직한 직원들을 모은 그녀는 다니스코의 기업가치를
계산하기 위해 7명으로 사전분석팀을 구성했다. 이 팀에서 다니스
코를 사도 좋다는 결과가 나오자 이번에는 25명의 전문가들과 함
께 한 달간 본격적인 분석에 돌입했다.

이사진의 마지막 승인을 받기 20분 전까지 법률전문가의 조언
도 들었다. 위험요인 등 변수를 사전에 차단하기 위함이었다. 철저
한 사전준비 덕에 그녀는 이사회 승인을 빨리 얻어낼 수 있다. 도
전에 앞서 대안을 마련하는 등 실패 가능성에도 철저히 대비했음
은 물론이다.

마지막까지 인수에 반대하는 사람들을 한 명, 한 명 직접 설득하
는 작업도 마다하지 않았다. 덴마크기업을 인수하려면 주주 90퍼
센트의 동의가 필요했지만 각고의 노력에도 불구하고 듀폰이 얻은
첫 동의율은 48퍼센트에 불과했다. 쿨먼은 덴마크 코펜하겐으로
날아가 주주들을 직접 만나 이야기를 듣고 적정 기업가치를 정하
는 작업에 돌입했다.

이후 듀폰은 기존 주당 665크로네에서 주당 700크로네로 인수가
격을 올렸다. 총 인수금액은 63억 달러에서 70억 달러로 늘었지만
기존가격을 고집하다 거래에 실패하는 실수를 저지를 수는 없었던

것이다. 예상대로 가격조정 후 다니스코 주주의 92퍼센트가 듀폰의 인수를 찬성했다.

이처럼 철저한 준비를 통해 우연찮게 굴러들어온 행운을 거머쥔 듀폰은 이후 사업포트폴리오를 확장하면서 승승장구를 거듭했다. 1996년 석유화학과 섬유, 화학, 의류 등의 사업으로 먹고살던 듀폰은 그 덕분에 2011년 현재 첨단소재(듀폰 매출의 36퍼센트)와 농업·식품·바이오사이언스(33퍼센트) 등 첨단포트폴리오를 갖춘 업체로 변신하게 되었다.

혼테크의 달인, 합스부르크가의 전략

듀폰의 경우처럼 기회를 십분 활용해 큰 성공을 거둔 경우를 역사 속에서도 종종 찾아볼 수 있다. 15세기를 전후하여 전성기를 누린 유럽 제일의 명문가, 바로 오스트리아의 합스부르크가 Habsburg Haus 역시 그 주인공 중 하나인데, 이 가문이 능력을 발휘한 주전공은 흥미롭게도 '자녀들의 혼사'였다.

합스부르크가의 성공을 상징하는 모토는 "남들은 싸우도록 놔둬라. 그대 축복받은 오스트리아여 결혼하라! Bella gerant alii, tu felix Austria nube"였다. 근세 유럽 정치사에 빠지지 않고 등장하는 합스부르크가

야말로 요즘으로 치면 '혼[婚]테크'의 달인이
었던 셈이다.

합스부르크가는 스위스의 한적한 시골마
을인 아르강 유역 아르가우 지방에서 출발한
조그만 귀족가문이었다. 그 출발은 미미했지
만 잇따라 결혼정책을 성공시킨 덕에 합스부
르크가는 프랑스를 제외한 유럽대륙 거의 대

■ 초기 합스부르크 가문의 문장
© Wikimedia Commons

부분과 아메리카대륙을 포함하는 해가 지지 않는 제국을 건설할
수 있었다. '독수리의 성'이란 뜻의 하비히츠부르크^{Habichtsburg}에서
명칭이 유래했다는 합스부르크가는 전통적인 성장수단인 전쟁보
다 결혼을 활용해서 컸다는 데 그야말로 놀라운 독창성이 있다 하
겠다.

대대로 장가 잘 가고, 시집 잘 보내서 거둔 가문의 성장세는 눈
부셨다. 13세기부터 20세기 사이에 합스부르크가는 오늘날의 독일
과 오스트리아, 에스파냐, 이탈리아, 벨기에, 네덜란드, 체코, 슬로
바키아, 유고, 루마니아, 폴란드, 헝가리에 해당하는 지역에 존재
했던 여러 제국과 왕국, 공국 그리고 여러 영주령 들을 지배했다.
또한 1452년부터 1806년까지의 기간 동안에는 비텔스바흐^{Wittelebach}
가문이 잠시 제위를 차지했던 짧은 시기(1740~1745년)를 제외하곤 계
속해서 신성로마제국의 제위도 독점했다.

1848년 프란츠 요제프^{Franz Joseph} 황제가 제위에 올랐을 때 그는

오스트리아 영지와 헝가리 국왕령을 지배하고 있었고 보헤미아 왕령과 갈리시아 왕국, 크라쿠프 대공령, 부코비나 공작령, 달마티아 왕령, 잘츠부르크 공작령을 지배하고 있었다. 이 밖에도 명목상의 영지이긴 하지만 루사티아와 로렌, 키부르크 및 1291년 이후 존재하지 않았던 예루살렘왕국까지 모두 법적으로 지배했다.

제국의 규모가 줄어든 19세기에도 합스부르크가는 3,750만 명의 주민이 거주하는 25만 7,478제곱미터의 영지를 보유해 유럽에서 러시아 다음으로 넓은 지역을 지배했다.

대부분의 학자들은 이 같은 합스부르크가의 성공요인으로 결혼정책을 꼽는 데 주저하지 않는다. 합스부르크가는 결혼을 통해 영지를 확장해나갔고 마치 오늘날의 다국적 기업처럼 제각기 다른 왕국들로부터 필요한 옵션을 뽑아 결혼정책에 투자하여 과실을 거둬나갔다.

가문부흥의 초석을 놓은 프리드리히 3세

결혼을 통해 합스부르크가가 성장한 기원은 상당히 오래됐다. 보통은 15세기 후반 합스부르크가를 이끌던 프리드리히 3세^{Friedrich III}에 의해 결혼정책이 표면에 드러났다고 본다. 이후 아들 막시밀리

안 1세^{Maximilian I}('최후의 중세기사'로 불린 인물
이다) 때 전성기에 이르며 증손자인 칼 5
세^{Karl V} 시대에 최대의 과실을 향유했다.

우선 프리드리히 3세는 생물학적으로
합스부르크가의 특성을 확립한 인물이
다. 그는 요즘이라면 성형외과의사들이
무척이나 반겼을 만한 외양, 즉 아래턱
과 아랫입술이 유난히 튀어나온 외양을
지닌 돈 많은 인물이었다.

■ 알브레히트 뒤러의 〈막시밀리안 1세〉
ⓒ Wikimedia Commons

하악돌출형인 프리드리히 3세의 외모는 이후 일종의 근친혼이
반복되면서 합스부르크가의 유전적 특질로 자리 잡는다. 가문의
상징인 그 유명한 '합스부르크 입술^{Hapsburg Lip}'이 탄생한 것이다. 사
실 프리드리히 3세의 이 같은 신체적 특징은 어머니인 모조비아의
공주 침바르카^{Cymbarka Mazowiecka}를 닮은 것이었다. 이후 합스부르크
가의 후손들은 튀어나온 아랫입술 탓에 비가 오면 입 안으로 빗물
이 흘러들어갈 정도였다고 전해진다.

잘생기지도 못했고 후손들에게 신체적 결함도 안겼지만 그는 가
문부흥의 초석을 놓은 사람이었다. 프리드리히 3세는 우선 1452년
로마에서 포르투갈의 항해왕 엔리케^{Henrique O Navegador} 왕자의 질녀인
엘레오노라^{Eleonore Helena of portugal}와 결혼했다. 이 결혼은 이후 500년
가까이 가문의 앞길을 탄탄대로로 만들어줄 성과로 이어진다. 바

로 아들 막시밀리안 1세를 얻게 된 것이다.

프리드리히 3세는 막시밀리안을, 프랑스와 네덜란드에 부유한 영지들을 보유하고 있던 부르고뉴 대공 용맹공 샤를^{Charles the Bold}의 딸에게 장가보내면서 결혼정책의 첫발을 내딛는다. 당시 사촌인 프랑스의 루이 11세^{Louis XI}와 대립하고 있던 용맹공 샤를은 이 제안을 받아들였다. 이 오스트리아-부르고뉴 간 연합은 그때까지 우호적이던 프랑스국왕과 프리드리히 3세의 관계에 종말을 가져온다.

프리드리히 3세와 용맹공 샤를 간의 결혼조약은 1473년 트리어에서 열렸다. 용맹공의 사위가 된 젊은 막시밀리안은 부인의 영지를 기반으로 하여 자신의 야망을 조금씩 실현해나간다.

연속된 행운을 기막히게 움켜쥔 막시밀리안

18세에 용맹공 샤를의 딸과 결혼한 막시밀리안은 가문의 관심을 협소한 오스트리아 지역문제에서 범 유럽적인 문제로 넓히게 된다. 막시밀리안의 결혼은 각 지역으로 분할될 뻔했던 합스부르크가의 영지들을 다시 통합한, 유럽사에서 가장 중요한 혼인으로 손꼽힌다.

하지만 막시밀리안의 결혼이 과실을 맺게 된 데는 우연과 행운이 따랐다. 장인인 용맹공 샤를의 때 이른 죽음이 그것이다. 용맹공의 영지를 탐냈던 프랑스국왕 루이 11세가 영유권 분쟁을 시작했고 막시밀리안은 아버지를 잃은 부인을 지켜주는 역할을 자임한다. 그 결과, 부르고뉴와 프랑슈-콩테, 플랑드르, 아르투아, 브라방, 홀란드, 림베르크, 구엘드레란트, 룩셈부르크 등의 영지들을 보유하는 행운을 얻게 된다.

프랑스왕의 공격과 막시밀리안의 방어라는 정치상황은 막시밀리안을 '지참금을 노리고 달려든 존재'가 아니라 '탐욕스러운 친척의 위협으로부터 고아를 구해내는 백마 탄 왕자'의 이미지로 만들어버렸다.

예상을 벗어나 상황이 엉뚱하게 흘러가자 루이 11세는 막시밀리안을 직접 공격하기로 한다. 하지만 막시밀리안은 1481년 구이네게이츠전투에서 프랑스군을 격퇴하며 자신에게 떨어진 행운을 당당히 지켜낸다. 이 전투의 승리로 막시밀리안은 프랑스로부터 네덜란드의 독립을 지켜냈다. 이후 수세기에 걸쳐 프랑스 대 오스트리아의 라이벌시대가 이어진다.

이 같은 상황에서 막시밀리안에게는 또 다른 죽음이 가문부흥의 계기로 작용한다. 바로 부인 마리아가 사냥 중 낙마를 하여 일찍 세상을 뜨게 된 것이다. 이로 인해 막시밀리안에게는 거대한 영지의 독점권이 주어지게 된다.

물론 이때까지는 막시밀리안의 영지지배권이 아주 공고하진 않았다. 어린 부인 마리아가 일찍 죽자 그의 신민들은 막시밀리안을 그저 '나이 어린 공작인 미남공 필리프 Philippe(마리아의 아들)의 아버지'에 불과하다고 여겼기 때문이다. 즉 정치적 특권과 과세 특권을 누리던 플랑드르와 브라방 지역의 신민들은 그들의 자연스러운 지배자인 필리프가 장성할 때까지, 막시밀리안이 섭정 역할만 하기를 원했다.

하지만 막시밀리안의 생각은 달랐다. 그는 자식들의 후견인 자리에 머물려고 하지 않았다. 오히려 마리아와의 사이에서 낳은 아들 필리프와 딸 마르가레트 Margaret를 확장된 결혼정책의 핵심수단으로 활용하고자 했다. 결국 막시밀리안은 이베리아반도의 카스티야와 아라곤 영지를 물려받을 예정이었던 후아나 Juana와 1496년 이중결혼조약을 맺었다. 이 조약에 따라 필리프와 마르가레트를 각각 후안의 아들, 딸과 결혼시켰다. 이 혼인 덕에 막시밀리안은 에스파냐뿐 아니라 나폴리와 시칠리, 사르디니아 그리고 아메리카대륙의 식민지까지 획득하게 된다.

여기서 또 한 번 영지소유권을 주장할 경쟁자가 우연히 죽음으로써 막시밀리안의 영지는 더 넓어지게 된다. 바로 후안의 아들이 일찍 죽은 것이었다. 그 바람에 막시밀리안의 아들은 1519년에 에스파냐와 브루군디의 영지를 지배하게 되었다.

막시밀리안은 자식들만 결혼정책에 동원한 것이 아니었다. 홀아비인 자신도 당시 이탈리아에서 가장 부유한 가문 중 하나였던 스포르차 가문의 비안카 마리아Bianca Maria Sforza와 재혼하기로 한다. 비안카 마리아는 결혼지참금으로 엄청난 현찰을 가지고 왔다.

막시밀리안의 혼인정책은 여기서 멈추지 않았다. 오스트리아 영지를 바탕으로 프랑스와 네덜란드의 부유한 지역을 확보한 뒤 다시 에스파냐지역으로 진출한 막시밀리안은 결혼을 통해 동유럽 쪽으로도 영지를 넓힌다. 헝가리의 라디슬라스 2세Ladislaus II와 결혼동맹을 맺어 헝가리지배권을 차지한 것이다. 막시밀리안은 자신의 손자 페르디난드Ferdinand와 라디슬라스의 딸을 결혼시킨다. 이번에도 얼마 안 있어 라디슬라스가 죽으면서 이 지역의 영지들이 막시밀리안의 품에 들어가게 된다.

합스부르크가가 성공한 진짜 이유

이처럼 유럽 내에 엄청난 영지를 확보한 것을 발판으로 칼 5세 시대에 이르면 합스부르크제국은 원조 '해가 지지 않는 제국' 이 되고 보편제국, 세계제국으로서 발돋움하게 된다. 막시밀리안의 현명한 결혼정책으로 말미암아 그의 후손들은 14세기 합스부르크가의 수장이던 루돌프 4세Rudolf IV가 만들었다는 표어 'AEIOU'를 현실로 즐기며 살아가게 됐다. 'AEIOU'란 '오스트리아는 세계를 지배할 운명이다^{Austriae est imperare orbi universo}’라거나 ‘모든 지상의 제국은 오스트리아에 복종한다^{Alles Erdreich ist Österreich untertan}’라는 의미로 해석된다.

16세기 전 지구적 제국을 건설한 이후에도 합스부르크가의 위세는 수 세기 동안 지속됐는데 이는 가문 내 분쟁이 매무 드물었던 덕이 크다. 이와 함께 가문의 장자가 아닌 차자들이 여전히 외국의 여러 왕국들과 결혼을 계속할 수 있을 만큼 유럽 내에 왕국들이 많았던 이유도 있었다. 또한 교회나 귀족, 거대 부르주아 상인처럼 사회의 지배세력과 언제나 유기적으로 협조하는 데 성공했던 것도 주효했다. 제국을 운영하는 데 효율적인 관료 등 새로운 계급도 효과적으로 만들어나갔다.

한마디로 합스부르크가는 거의 모든 결혼에서 성공적이었고, 결혼생활을 안정적으로 유지하는 데서도 탁월했다. 결혼을 통해 재산을 불렸고, 불린 재산을 안정적으로 유지하는 데 남다른 재능을 보인 셈이다.

어떻게 보면 남녀 간의 애정을 기초로 해야 할 결혼을 오로지 성공의 도구로 삼았던 합스부르크일가가 피도 눈물도 없는 족속들처럼 보일 수도 있다. 현대의 시신으로 보면 이는 누가 뭐라 해도 정략결혼이며, 속물적인 결합처럼 느껴진다. 하지만 당시의 사회분위기를 감안했을 때 이들의 혼인정책을 마냥 이상하게 혹은 나쁘게만 볼 일은 아닌 듯하다.

　이들은 자기 앞에 높인 행운의 씨앗을 그냥 지나치지 않고 정확히 알아보았다. 확실한 감이 왔을 때는 앞뒤 돌아보지 않는 과감성도 보였다. 첫 번째 성공경험이 쌓인 후 거기에 만족하고 멈춘 것이 아니라, 그 행운을 지켜가기 위해 애쓰는 한편 제2, 제3의 행운을 만나기 위한 준비 역시 소홀히 하지 않았다.

　한번 잡은 행운을 놓치지 않고 행운의 파이를 계속 키워갔던 것. 바로 이것이야말로 바로 합스부르크가가 수백 년간 남다른 성공을 거뒀던 진짜 이유인 셈이다.

황금 같은 타이밍은
어떻게 잡아야 하는가

때가 될 때까지 버틸 체력부터 길러라

충분한 조사와 분석을 통해 본인의 선택에 따른 결말을 여러 가지로 예측한 다음에는 그러한 예측시나리오를 가지고 위험요인을 제거할 방법을 찾아야 한다. 이는 특히나 선택에 대한 확신이 있을 때 더욱 예민하게 따져야 하는 부분이다. 왜냐하면 아무리 나의 결정이 탁월하다 싶어도, 그것이 여러 변수들에 의해 운 나쁜 제약을 받을 수 있기 때문이다. 나쁜 운을 피하고 좋은 운을 만나 최상의 결과치를 이끌어내고 싶다면 나쁜 운을 제거하고 때를 기다릴 수 있어야 한다.

같은 맥락에서 구슬이 서 말이라도 꿰어야 보배이듯, 모든 기회도 적절한 때를 활용해야 효과가 극대화된다. 이를테면 이런 것이다. 시장에 내놓기만 하면 날개 돋친 듯이 팔릴 것 같은 제품 아이디어가 있다고 하자. 개발을 서둘러 완제품 샘플을 만들었다. 모든 상황은 완벽해 보인다. 그런데 이 제품을 지금 내놓았을 때 과연 대박이 날 것이라고 100퍼센트 확신할 수 있을까? 절대 불가능한 일이다.

아무리 아이디어가 기발하고 제품이 훌륭하다 해도 시장의 변수는 얼마든지 존재한다. 공교롭게도 타사에서 유사하지만 더 싼 제품이 나올 수도 있고 시장상황이 경제의 영향을 받아 갑자기 악화될 수도 있다. 이럴 때 변수를 계산하여 다양한 시나리오를 세우지 않은 기업은 망할 수밖에 없다. 하지만 미리 대책을 세워놓은 기업은 이 좋은 제품이 마침내 빛을 볼 타이밍까지 버텨낼 든든한 체력을 확보하게 된다.

필경사들의 급격한 쇠락이 알려주는 것들

서양의 인쇄기술 발달과정은 최적의 타이밍에 기회를 움켜잡기 위해 무엇을 해야 하는지 인상 깊은 교훈을 들려준다.

서양에서 인쇄기는 1450년경 독일의 구텐베르크^{Johannes Gutenberg}에 의해 발명됐다. 이후 책에 대한 수요가 늘면서 인쇄술도 마인츠와 라인강 주변도시를 중심으로 빠르게 전파됐다. 1459년 스트라스부르, 1466년 쾰른, 1468년 바젤과 아우구스부르크, 1473년 파리에 인쇄기가 도입됐다.

하지만 당대의 문화선진국 이탈리아에서는 인쇄기의 진출이 더뎠다. 전 세계를 주름 잡는 최고의 기술이 될 것으로 믿어 의심치 않던 인쇄술이 이탈리아에서 때 아닌 복병을 만나 성공타이밍을 놓친 것이다.

인문주의가 꽃을 피웠던 이탈리아사회에서는 글쓰기가 일상화되어 있었다. 앞선 세대의 문인인 프란체스코 페트라르카^{Francesco Petrarca}는 1336년 4월 26일 동생과 두 하인을 데리고 '몽방투^{Mont Ventoux, 바람 산}'에 올랐을 때의 감정을 담은 등정기 《사신집^{私信集, *Epistolae Familiares*}》을 출판했다. 서양사회 최초의 산악인으로 자리매김하는 순간이었다. 페트라르카는 몽방투 등반 때 휴대용 아우구스티누스의 《고백록^{告白錄, *Confessions*}》을 가져가서는 산 위에서 라틴 고전문구를 인용하며 글을 짓기도 했다.

이처럼 폭넓은 인문학적 기반은 많은 부분, 사람의 손에 의존했다. 오늘날로 치면 '인간 복사기'라고 불릴 만큼 놀라운 카피능력을 지닌 필경사들이 많았기 때문에 인쇄술의 도입이 늦어졌던 것이다. 실제로 1460년대 코지모 데 메디치^{Cosimo di Giovanni de' Medici}로부터 200권의 책을 만들 것을 주문받은 필경사 베스파니아노 다 비스티치^{Vespasiano da Bisticci}는 45명의 보조 필경사를 고용해 제작에 들어가기도 했다.

하지만 이 같은 인간 노동력은 기계를 이겨내기 힘들었다. 자신의 기술만을 믿고 인쇄기를 무시했던 비스티치의 인간 복사기들은 곧 진짜 인쇄기와의 경쟁에서 밀려나고 말았다. 카피 베테랑들도 마침내 1478년에는 파산의 쓴맛을 보게 되었다. 1500년경이 되자 이탈리아에서도 필경사는 완전히 한물간 직업이 되어 장인 필경사들이 정성들여 '한 땀 한 땀' 써내려가던 글들이 모조리 인쇄기의 차지가 되고 만다.

필경사들은 쇠락했지만 다른 한 쪽에서는 새로운 직종이 생겨나고 있었다. 바로 베네치아에서만 150명의 인쇄업자들이 활약하기 시작한 것이다. 화려한 장정의 책들이 인쇄되면서 식자공, 서적상, 사서, 출판업자, 서적 행상인 등 인쇄업에 관련된 다양한 직업도 생겨났다.

세월이 흘러 16세기가 되면 베네치아, 팔레르모, 칼리아리, 나폴리 등 이탈리아반도 전역에서 100여 개의 출판 중심지가 등장하게 된다. 16세기 초 베네치아의 인쇄업자 지롤라모 알브리치^{Girolamo Albrizzi}는 "요즘 한 해동안 출간되는 책의 종류와 권수는 과거 한 세기 동안 인쇄되던 서적보다 많을 것"이라 자부하기에 이른다.

순식간에 전 세계적으로 대인기를 끈 인쇄기가 유독 문화선진국

이탈리아에서 기를 펴지 못한 것은 분명 필경사라는 변수 탓이었다. 하지만 영원할 것만 같던 필경사들의 전성시대도 얼마 지나지 않아 막을 내리게 된다. 이탈리아에서의 인쇄기 열풍은 최적의 타이밍이란 늘 의외성을 띠기 때문에 그것을 예측하려 하기보다 그것이 도래할 때를 노려 항상 준비하고 있어야 한다는 사실을 우리에게 일깨운다.

최적의 타이밍은 맞추는 게 아니라 기다리는 것

우리나라에서는 약 10여 년 전부터 전자책시장이 활짝 열려 조만간 종이책시장을 추월할 것이라는 예측이 우세했다. 전망은 그럴 듯했다. 종이를 만들 나무가 너무 많이 소비된다는 비판적 목소리가 높아지고 있었고, 종이책을 대체할 전자책 기술력도 이미 충분히 우수해 보였기 때문이다.

실제로 미국에서는 해가 갈수록 전자책 시장이 급속도로 팽창하고 있다. 온라인서점 아마존Amazon에서 개발한 전자책 전용 단말기 킨들kindle이 출시 이후 날개 돋친 듯이 팔려나갔으며, 급기야 2011년에는 미국 내 전자책 매출액이 20억 7,000만 달러를 기록하며 전년보다 배 이상 급증한 수치를 보였다.

그러나 우리나라에서는 생각만큼 전자책시장이 크게 열리지 않고 있다. 10년 전만큼은 아니지만, 지금도 여전히 전자책시장은 시장의 기대를 저버리고 달아오를 듯, 말 듯한 상태를 유지하고 있는 것이다.

비즈니스세계에서의 10년은 일상적인 세계에서의 100년과 맞먹는다. 즉 비즈니스세계에서 10년을 견디려면 일상적으로 100년을 버텨낼 체력을 키우고 있어야 한다는 이야기이다.

이러한 진리를 증명이라도 하듯 지난 10년을 지나오는 동안 전자책에 손을 댔던 많은 업체들이 망해나갔다. 현재 이 분야에 새롭게 진입하려는 이들은 많지만, 10년 이상 이 분야에 몸담으면서 묵묵히 한 우물을 판 업체는 거의 없는 실정이다. 그만한 체력을 갖춘 업체, 즉 전문가들의 예측을 거스르는 시장의 변화무쌍한 흐름에 제대로 대비해온 업체가 없었다는 뜻일 것이다.

하지만 이제 스마트폰과 태블릿PC 보급이 급속히 늘어나면서 점차 전자책시장이 만개할 것이라는 사실은 관련 분야의 전문가가 아니더라도 누구나 짐작할 수 있을 만한 사실이 되었다. 이미 시장환경은 충분히 조성되어 있다. 관련 분야의 기술도 눈부시게 성장했다. 지금부터는 누가 얼마만큼의 다양한 미래시나리오를 가지고 최적의 타이밍이 올 때까지 버틸 수 있느냐에 달렸다. 문제는 끈기와 체력인 셈이다.

왜 위기 앞에 누구는 망하고
누구는 강해지는가

위기는 미래를 위한 자양분이다

2008년 2월 초 미국 시애틀 스타벅스^{Starbucks} 본사 8층 회의실. 임원 한 명이 "반나절 동안 영업을 중단하면 돌이킬 수 없는 피해가 발생한다"며 CEO에게 예상 피해규모를 설명하기 바빴다. 스타벅스 CEO 하워드 슐츠^{Howard Schultz}가 "떠난 고객을 잡기 위해 매장 문을 닫고 직원들에게 커피 만드는 법을 처음부터 다시 가르쳐야 한다"고 말하자 회장의 독단적인 경영을 막기 위해 임원진이 필사적으로 저항했던 것이다.

임원들은 영업중단조치만큼은 절대로 안 된다고 버텼다. 매출하락할 것이 불 보듯 뻔했기 때문이다. 하지만 슐츠는 단호했다.

그로부터 3주 뒤.

미국 전역의 7,100여 개 스타벅스 매장이 일제히 문을 닫았다. 매장 안에서는 바리스타들을 상대로 에스프레소 제조에 대한 재교육이 한창 진행되었다.

배짱 그 이상의 결단력으로 위기를 넘긴 스타벅스의 힘

스타벅스가 이와 같은 충격요법을 사용한 이유는 경영위기에 직면했기 때문이었다. 세계 최대 커피체인으로 승승장구하던 스타벅스는 2007년 방문고객 증가율이 사상 최저치로 떨어지는 수모를 맛봤다. 주가는 끝없이 추락했다.

과도한 매장개점과 이에 따라 발생한 균일하지 않은 커피맛이 문제였다. 불친절한 서비스에 대한 고객불만도 늘었다. 이에 대한 슐츠의 선택이 바로 영업정지와 재교육이었던 것이다.

그로부터 2년 뒤, 슐츠의 선택은 적중했다. 스타벅스의 매출은 사상 처음 100억 달러를 돌파했다. 미국 매장 수는 1만 900개, 해외 매장 수는 6,000개로 늘어났다. 위기를 재도약의 기회로 활용한 슐츠의 결단 덕에 스타벅스는 커피체인점의 대명사 자리를 유지해나갈 수 있게 된 것이다.

슐츠의 전략은 위기를 기회로 삼아 성공에 이른 전형적인 것이다. 위기를 기회로 삼는다는 것은 말은 쉬워도 실행에 옮기기란 하늘의 별 따기와 같다. 여기에는 그야말로 엄청난 리스크가 따르기 때문이다.

앞서 이야기한 스타벅스의 사례를 보라. 한두 개 매장도 아니고 미국 전역의 모든 매장을 일제히 닫기로 한 결정은 보통 결단력으로 해낼 수 있는 것이 아니다. 더구나 당장 눈앞에서 매출이 뚝뚝 떨어지고 있는 상황에서라니.

결국 위기를 전화위복의 기회로 만들어낼 줄 아는 사람은 어떤 역경이라도 이겨낼 자신을 갖고 있는, 그야말로 배짱 있는 사람이 분명하다. 하지만 자세히 들여다보면 단지 배짱만으로 위기가 기회로 변모하진 않는다. 이러한 선택의 이면에는 자신에게 닥친 고난마저도 미래를 위한 자양분으로 삼을 줄 아는 무한한 긍정성이 숨어 있다.

마키아벨리, 강인한 기개로 거짓자백을 거부하다

슐츠처럼 일생일대의 위기를 발판으로 인생의 꽃을 피워낸 또 다른 인물이 있다. 바로 니콜로 마키아벨리 Niccoló Machiavelli가 그 주인 공이다. 근대 정치학의 대표인물로 거론되는 마키아벨리는 목숨을 잃을 뻔한 위기를 버텨낸 뒤, 커리어 상 재도약은 물론 자신에게 불멸의 명성을 안겨준 저작을 썼다.

마키아벨리에게 위기는 1512년에 찾아왔다. 이 시기에 이탈리아 피렌체에서는 공화정이 붕괴되고 메디치가문이 18년 만에 다시 권력을 잡았다. 피렌체 공화정에 몸담고 있던 마키아벨리에게는 정권교체가 심각한 신분상의 위협으로 다가왔다. 마키아벨리 스스로 '모든 것을 잃은 뒤 post res perdatis'라고 묘사한 이 시기에는 그에게 끝없는 고통과 치욕이 주어졌다.

마키아벨리는 처음에는 공직에서 쫓겨나는 정도로 액땜을 했다고 생각했다. 하지만 상황은 단순히 관직을 앗아가는 것에 그치지 않았고, 그에게는 신정권의 가혹한 비난과 복수가 뒤따랐다.

먼저 메디치가를 지지하는 부자 시민 50명으로 구성된 정무위원회에서 그에게 피렌체영토를 떠나지 말 것과 1,000피오리노의 금화를 보석금으로 낼 것을 명령했다. 그러나 이는 로베르토 리돌피 Roberto Ridolfi 전 피렌체대학 교수의 표현에 따르면 '바늘로 콕콕 찌르는 사건' 정도에 불과했다.

곧이어 1513년 2월 마키아벨리는 메디치 정부를 전복시키려는 정치적 음모에 가담했다는 혐의를 뒤집어쓴다. 실제 모의는 구체적으로 진행되지 못했고, 주동자들이 아는 사람 이름을 리스트로 작성했는데 마키아벨리의 이름이 명단에 일곱 번째로 올라와 있었던 것이다.

그는 지명수배되었다가 얼마 가지 않아 체포되어 잔혹한 고문을 받았다. 마키아벨리는 밧줄로 죄인의 손을 뒤로 묶어 매다는 형벌인 스트라파도strappado를 경험했다. 이 형벌을 받게 되면 단지 대롱대롱 매달리는 데서 끝나는 게 아니라 갑자기 떨어뜨리는 형벌인 푸네fune도 피하지 못했다.

이 고문은 어깨뼈를 탈구시키거나 뼈를 부러뜨릴 정도로 극심한 고통을 안겨주었다. 보통 네 번이면 심신이 기氣를 잃기에 충분했다고 하는데, 마키아벨리는 무려 여섯 번이나 매달렸다. 또한 온몸이 얼어붙을 듯 춥고 공기가 탁한 좁은 감방에서 굶주린 채, 득실대는 쥐와 이 사이에서 살아남아야 했다.

하지만 마키아벨리는 스스로도 대견해할 만한 강인함과 기백으로 이 모든 끔찍한 고문을 이겨냈다. 아마 당시 고통을 견디지 못해 거짓자백을 했더라면 그가 사형을 면치 못했으리라는 게 역사가들의 공통된 분석이다.

비록 목숨은 건졌지만 마키아벨리의 심신은 이미 만신창이가 되어 있었다. 고문으로 팔다리가 찢겨진 데다가 수갑과 족쇄로 꼼짝달싹 못하는 그의 처지는 개선될 가망이 전혀 보이지 않았다. 끈 떨어진 정치범을 도와줄 만큼 세상은 여유롭지 못했다.

인생 최악의 고통을
불멸의 저작으로 승화시키다

그가 마지막 희망의 끈을 찾은 것은 한때 친구였고 시인들의 후원자로 알려진 메디치가의 실력자 줄리아노 데 메디치Giuliano de Medici였다. 마키아벨리는 줄리아노 데 메디치에게 구구절절한, 그러면서도 위트 넘치는 소네트sonnet(단테와 페트라르카 등에 의해 완성된 14행 형식의 정형시定型詩) 형식의 편지를 썼다.

"줄리아노 님이여. 저는 양다리에 족쇄를 하고, 어깻죽지엔 여섯 번을 공중에 매달린 상처가 있습니다. 다른 불행은 아예 말하지 않겠습니다. 시인이란 으레 이런 식으로 대접받으니까요. 부서진 벽에는 이가 득실댑니다. 하도 크고 살이 쪄서 나방처럼 보입니다. 이런 고약한 냄새는 어디에도 없을 겁니다.

수형자 하나가 사슬을 차면, 다른 하나는 사슬을 풀고, 열쇠와 자물통을 시끄럽게 찌그럭댑니다. 그리고 공중에 높이 매달린 또 누군가의 비명소리! 저를 제일 슬프게 하는 것은 잠이 들어 새벽이 어슴푸레 다가올 때 들리기 시작하는 이런 소리입니다. 원컨대 제발 그런 목소리를 듣지 않게 해주십시오. 당신의 자비를 저에게 베푸십시오. 그리고 대인이시여. 이제는 그만 이 끔찍한 올가미에서 벗어나게 해주시기를."

편지의 영향인지 때마침 줄리아노의 동생이 교황으로 선출되면서 마키아벨리도 사면을 받고 소원대로 감옥을 나오게 된다. 이 경험은 마키아벨리 스스로 권력이 얼마나 무서운지 뼈저리게 느끼게 해주는 계기가 된다. 주경철 서울대 교수는 이때의 경험으로 마키아벨리가 '어떻게든 다시 권력의 자리로 돌아가고 싶다는 염원을 품었을 것'이라고 추론하기도 한다.

프랑스의 철학자 루이 알튀세르^{Louis Pierre Althusser}에 따르면 마키아벨리는 '새로운 군주가 야만의 멍에로부터 이탈리아를 해방'시킬 수 있는 근거로 절망적인 곤경에 봉착한 당시 이탈리아의 상황과 위대한 정치적 존재를 향한 광대한 열망을 꼽았다고 한다. 당시 마키아벨리의 개인사가 투영됐다고 볼 수 있는 분석이다.

이어 마키아벨리는 피렌체 공직시절에 대해 침묵하게 되고, 메디치가에 자신을 한 번 살펴본 후 중용해달라며 그 유명한 《군주론^{君主論, Il principe}》을 집필하게 된다. 메디치가에 바친 헌정사에서 마키아벨리는 이 시절을 '운명의 여신인 포르투나의 크고도 저항할 수 없는 적의가 갑작스럽고도 악의적으로 나를 내리찍었다'라고 표현했다.

오늘날 마키아벨리는 정치적 목적을 위해서는 수단과 방법을 가리지 않는 비열함과 냉혹함을 지닌 인물로 알려져 있다. 그럼에도 그의 저작 《군주론》은 각종 고전목록에서 빠지지 않는다.

죽음 목전까지 다다랐던 고통, 자존심도 명예도 모두 내다버린

처절함, 비굴한 변절자라 불리는 조롱을 이겨내고 이 경험을 전화위복의 기회로 삼아낼 의지가 없었다면 아마 그의 명저는 전해지지 못했을 것이다. 그가 그랬던 것처럼 리스크를 언제나 변수가 아닌 상수로 여기는 마음가짐이 필요하다. 언젠가 맞닥뜨릴 위험을 기회로 만드는 재주도 필요하다.

웬만한 사람이었다면 그저 포기해버렸을 인생이었다. 그러나 그는 자신을 집어삼킬 듯 다가온 위기 앞에서 끝까지 희망의 끈을 버리지 않았다. 오히려 그 경험을 영원한 명성을 얻어내는 발판으로 승화시켰다. 그의 인간적 위대함은 바로 이 지점에서 발견된다.

2

도전

역사에 이름을 남긴 위대한 리더들은 모두 도전했던 사람들이다.

그들은 절체절명의 순간에 목숨을 건 도박을 했다. 모두가 불가능하다고 여긴 일을 직접 하겠다고 나섰던 것이다.

때론 그들의 도전이 달걀로 바위 치기만큼이나 허무하게 끝난 경우도 있다. 드물지만 철옹성 같던 세계를 바꿔버린 경우도 있었다. 아널드 토인비^{Arnold Toynbee}가 '역사는 도전과 응전의 반복'이라고 말한 것도 이러한 이유에서였을 것이다.

과거의 빼어난 리더들이 그처럼 길이 남을 업적을 쌓을 수 있었던 것은 치밀하게 준비했기 때문이기도 하고 때론 과감함을 넘어 무식했기 때문이기도 하다. 그들의 자질을 요약하면 '사물의 본질을 명쾌하고도 단순하게 이해했던 인물'이라고 할 수 있을 것이다. 과감하면서도 찰나에 사물의 본질을 꿰뚫고 곧바로 실행에 옮길 줄 아는 과단성을 갖춘 인물들. 역사는 바로 이들에 의해 움직여왔고 앞으로도 그럴 것이다.

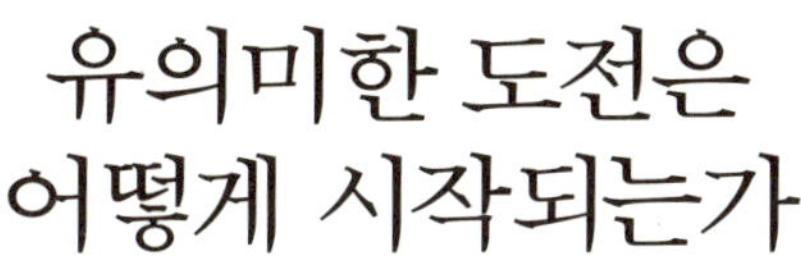

유의미한 도전은 어떻게 시작되는가

어제의 미덕이 오늘의 악덕일 수도 있다

변화에 대한 가장 거센 저항 중 하나가 윗사람에게 관행적으로 복종하는 습성이 아닐까 싶다. 그저 윗사람이 시키는 일만 하는 상명하복, 상명하달식 문화가 지배하는 조직은 결코 역동적인 변화를 일으킬 수 없다.

반면 긍정적인 변화는 조직구성원들의 참여를 확대하고, 커뮤니케이션을 활성화하며, 구성원들의 변화에너지를 유지하고, 새로운 사고와 행동을 개발하는 데서 생겨날 수 있다. 그렇기 때문에 끊임없이 살아 움직이고 토론하는, 젊고 활력 있는 조직으로 거듭나야 한다는 것이다. 아랫사람이 윗사람에 대해 얘기가 통하지 않는다고 느낀다면 그 조직은 급변하는 환경에 맞춰 발 빠르게 대처하는게 불가능할 것이다.

장유유서 전통이 확고했던 중국의 생활문화

막스 베버Max Weber가 중국에 대해 큰 변화가 없는 '지속의 제국'이라 부른 것처럼 흔히들 우리는 중국사회의 항상성恒常性과 안정성에 주목하곤 한다. 하지만 중국의 경우에도 중요한 역사적 분기점마다 사회 전체의 특성이 크게 변하는 경험을 적잖게 했다. 중국 공산화 이후 노인 위주의 중국 전통문화를 뒤흔든 것이 그 대표적인 사례다.

1949년의 공산화 이전까지 중국은 전통적으로 노인을 우대하는 사회였다. 중국에서는 우리에게도 익숙한 장유유서長幼有序의 전통이 확고하게 자리 잡고 있었다.

하지만 아무리 뿌리 깊은 전통이라 해도 이 세상 모든 풍습과 제도가 그렇듯이, 시대와 장소를 초월해 변치 않는 문화는 생각보다 그리 많지 않다. 노인을 공경하는 문화가 어떻게 하루아침에 쉽사리 사라질 수 있을까 의아스럽겠지만 중국사회에서는 노인중심의 문화조차 변화로부터 자유롭지 못했다.

유교문화가 확립된 이후 중국을 비롯한 동양사회에서는 노인을 공경하는 문화가 오랜 세월 동안 깊이 뿌리내리게 되었다. 그 뿌리가 너무 깊은 나머지 때로는 공경의 수준을 넘어 노인 위주, 노인 중심으로 평가될 만한 일들이 계속해서 벌어졌다.

이러한 문화가 계속되자 중국에서는 한때 결코 늙었다고 할 수 없는 중년의 교양 있는 사람들까지 늙은이 대접을 받으려 하기도 했다. 영어의 '미스터Mr.'처럼 호칭을 할 때 존경의 의미로 '늙을 노老'자를 붙여서 불렀던 것이다.

실제로 중국의 학자이자 작가인 곽말약郭沫若이 1954년 일본을 방문했을 때 일본에 있던 중국학자들이 그를 향해 '곽노郭老'라 부르고, 곽말약도 동료학자들의 성씨 뒤에 노를 붙여 예의를 표했다고 한다. 이 장면을 목격한 가이즈카 시게키貝塚茂樹 일본 교토대 교수는 "노를 붙이는 것은 지위가 높다는 이유와 함께 노인에 대한 존경의 이유가 겹쳐진 것으로 보인다"라고 분석했다.

이 같은 노인을 우대하는 문화는 중국이 어느 정도 안정적 질서를 갖췄을 때 더욱 성행하는 양상을 띠었다. 저명한 중앙아시아 전문가 오웬 라티모어Owen Lattimore에 따르면 중국에서는 혁명이나 정치변혁이 성공적으로 끝난 뒤 안정적 질서가 만들어지면, 제론토크라시Gerontocracy(노인지배)나 연령 그 자체를 존경하는 경향이 강해졌다고 한다. 특히나 전통적인 농경사회에서는 연장자의 경험이 촌락생활에 큰 도움이 됐을 것이다. 자연발생적으로 생긴 노인에 대한 존중문화를 유교가 정리하면서 중국사회가 더욱 노인을 우대하게 되었다는 설명이다.

노인숭배에서 악동숭배로 넘어간 대격변의 중국역사

하지만 대격변의 시기가 도래하면 오히려 젊은이를 숭배하는 문화가 떠오르게 된다. 오웬 라티모어가 1937년 5월 중국 연안에서 공산당지도자들과 같이 지내던 시절, "장정을 감행하면서 중국공산군은 이동하는 도중에 가족을 잃거나 가족이 사망한 어린이들을 주워 키웠다"면서 "이 어린이들은 전통문화와 달리 어른의 얘기에 참견해도 됐고 자신의 의견을 표명할 수도 있었다"라고 분위기를 전했다. 한마디로 노인숭배가 아니라 악동숭배의 현상이 목격됐다는 것이다.

노인숭배, 노인정치가 거의 없거나 미약한 유목사회처럼 끊임없이 이동해야 했던 중국공산당에서는 노인숭배의 뿌리 깊은 문화전통이 흔들렸다. 유목사회의 경우 생존을 위해 계속해서 이동해야 하는 만큼 다른 타이틀이나 명분보다 오직 능력 위주로 사회지배 패턴이 결정되고 육체적으로 건강한 젊은이가 지도자로 선출되는

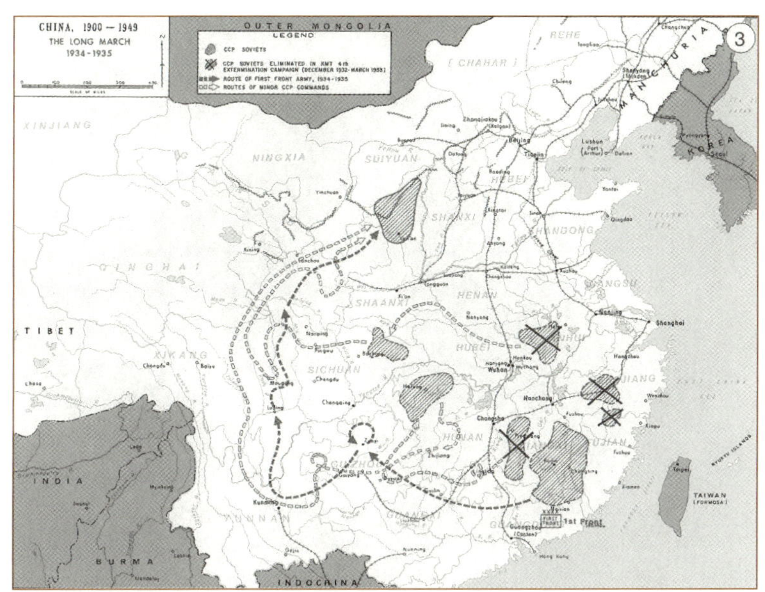

■ 중국 대장정 당시 공산당이 이동한 경로 ⓒ Wikimedia Commons

경우가 많다.

대장정은 사실상 유목상황이었다. 미국 땅의 두 배가 넘는 1만 8,088리(6,000마일, 9,656킬로미터)를 크고 작은 전투를 치르면서 제대로 된 차량도 없이 걸어가는 것은 인간을 극한으로 몰아넣는 일이 아닐 수 없었다. 게다가 대장정 참가자들은 생존을 위해 가장 험한 길만 골라서 다녀야 했다. 이 과정에서 자연스럽게 체력적으로 우세한 젊은이들의 발언이 커질 수밖에 없었다. 지도자의 능력과 그의 정신 및 육체의 강인함이 어느 정도인지에 집단 전체의 운명이 좌우되는 상황이었다. 이를 계기로 중국공산당에서는 젊은이숭배가 나타나고 노인숭배 전통은 점차 수정되기 시작한다.

젊음에 대한 숭배는 중국사회의 군사화 경향에도 영향을 받았다. 국민을 계도의 대상으로 삼은 공산당에게는 국민의 생활습속을 뜯어고치는 데 에너지 넘치는 젊은 세대가 필요했던 것이다.

당시 국민당과 목숨을 건 투쟁을 했던 만큼 이들은 기존 사회적 관습에 맞춘 삶을 살아가는 것마저 불가능했다. 마오쩌둥毛澤東, 주더朱德, 덩샤오핑, 저우언라이周恩來 등도 모두 합법적인 결혼이 아니라 동거의 형태로 살아야 했다. 중앙에서 통제하는 형태의 전쟁을 수행하기도 불가능하여 지역단위 소규모 부대끼리 알아서 전략을 짜고 전술을 수행하는 경우도 비일비재했다. 여기에 게릴라전술까지 도입되면서 조직의 자율성과 역동성은 한없이 커졌다.

처음에는 젊은 공산당원들이 선배들의 이름 부르기를 비판하는 것으로 시작되었던 이 같은 변화의 모습은 그러나 이후 각종 심각한 문제를 야기하기도 한다. 과거사회의 낡음을 깨는 수준에서 조절된 게 아니라 극단적인 형태로 발현되면서 또 다른 사회문제를 일으키고 사회에 큰 상처를 입혔던 것이다. 문화대혁명 당시 홍위병들의 잔혹하고 겁 없는 폭력 또한 이런 상황의 대표적인 산물이었다.

젊음과 역동성을 높게 평가하는 사회와 조직은 변화의 한가운데에 놓여있는 경우가 많다. 반면 강한 위계질서를 중시하는 조직은 좋게 말해 안정적이고, 나쁘게 말해 정체되어 있을 가능성이 크다.

기본적으로는 역동성이 강조되는 사회가 발전 가능성이 높은 게 사실이다. 도전은 불가능해 보이는 거대한 구조조차도 완전히 바꿔버릴 수 있기 때문이다. 하지만 언제나 영원한 것은 없다. 끝은 어디에나 있는 법이다. 젊은이들을 짓누르는 질곡이 되어버린 노인존중문화도, 패륜과 무질서를 불러온 젊은이숭배문화도 마찬가지였다.

역사의 자정능력을 믿기 전에 구태와 이별하라

중국은 한때 수천 년간 노인존중문화가 극단적인 형태까지 이어지면서 죽은 자들을 위한 국가가 되다시피 했다. 20세기 중반 문화대혁명 시절에는 과거를 모두 부정하면서 반대의 극단으로 치달아 사회가 수십 년쯤 후퇴하고 말았다. 이처럼 고인 물이 썩을 때까지 아무도 나서지 않으면 역사는 언제나 과감히 칼을 들게 마련이다.

사람도, 조직도 마찬가지다. 아무리 잘하는 것, 좋은 것이 있더라도 거기에 만족하며 오로지 머물기만 한다면, 시간은 어느덧 비수가 되어 돌아오게 된다.

일각에서는 삼성이 글로벌시장에서 경쟁력을 유지하며 선전하는 이유로 물이 고이게 놔두지 않는다는 점을 든다. 실제 삼성에서 잘 나간다고 하는 최고위급 경영진도 몇 년을 같은 자리에 머무는 사례가 극히 드물다. 삼성의 대표경영자들은 전자에서 금융, 일반 제조업, 화학 등으로 정신없이 도는 경우가 대부분이다.

이는 조직의 시스템을 젊고 역동적으로 만들기 위한 조치다. 끊임없이 도전하는 조직을 만드는 과정이라는 설명이다. 과거 이기태 사장 시절 삼성전자의 휴대전화 화형식이나, 원대연 제일모직 사장 시절의 옷 화형식처럼 위기감을 고취시키는 퍼포먼스로 조직의 긴장을 유지했던 것도 이 같은 관점에서 이해할 수 있는 일이다.

역사의 자정능력을 믿고 마냥 기다리기 전에 스스로가 먼저 구태와 이별할 시점을 결정해야 한다. 오늘의 미덕이 내일에도 미덕이 되리란 법은 어디에도 없다.

극도의 불확실한 순간에도 도전은 필요한가

무모함은 때때로 말할 수 없이 큰 힘을 지닌다

그 누가 말했던가. 무식하면 용감하다고.

때로는 주어진 정보가 부족한 탓에 자신감이 지나치게 커질 수도 있다. 어쩌면 주어진 과제와 장애물을 원래보다 훨씬 더 과소평가하게 될 수도 있다.

인류사를 돌이켜보건대, 대제국을 일구거나 위대한 발견을 하는 등 엄청난 업적을 이룰 때는 이러한 단순화와 자신감이 가장 큰 성공비결이 된 경우가 많았다. 그야말로 '무대뽀 정신'이 빛을 발해 왔다는 것이다.

지리적인 문제로 정보를 얻는 데 제약이 컸던 시절에는 그것이 역설적으로 위대한 역사를 다시 쓰는 큰 도움이 되기도 했다. 특히 전근대시대에는 자신이 사는 곳 바깥의 지역에 대한 지리정보가 매우 제한적이었다.

하지만 진정한 문제는 잘못된 정보와 무지가, 한 줌도 안 되는 올바른 정보와 함께 전달됐다는 데 있었다. 올바른 정보와 잘못된 정보, 그 둘 사이를 구분하는 것은 결코 쉽지 않은 일이었다.

무엇보다 역설적인 것은 인류사에 길이 남을 과업이 이 잘못된 정보들 덕에 가능했다는 점이었다. 위정자들이 정복을 꿈꾼 신천지는 매우 먼 곳에 있었다. 그런데 이 신천지까지 가는 거리는 왜곡된 정보로 인해 종종 실제보다 훨씬 축소되어 알려지기도 했다. 위정자들이 한껏 꿈을 키울 수 있었던 것도 바로 이런 잘못된 지도 한 장 때문인 경우가 많았다.

시칠리아왕국의 노르만족 왕 루지에로 2세^{Ruggero II}를 위해 복무했던 아랍의 지도제작자 알 이드리시^{Al-Idrisi}는 지도에다가 지중해 쪽은 상세하게 표시하면서 동양은 간단하게 취급했다. 반대로 15세기 조선시대 지도인 '혼일강리역대국지도^{混一疆理歷代國都之圖}'에는 한국이 엄청나게 확대되어 있다. 몽골제국시대에 제작된 세계지도를 모본으로 삼아 만들어진 이 지도에서는 조선, 중국 등 가까운 지역의 정보는 활발히 업데이트됐지만, 머나먼 지역일수록 새 정보를 수록하고 반영하는 비율이 현저히 떨어졌다.

위정자들이 정치적 목적을 달성하기 위해 과감하게 신천지로 진출할 것을 결정한 계기가 모두 부정확한 지도 때문만은 아닐 것이다. 하지만 실제보다 지리적 장벽을 과소평가하거나 목적지와의 거리가 가깝다고 느낀 이들은 신천지로의 진출 결정을 내리는 데 좀더 박차를 가할 수 있었음이 분명하다.

고대 그리스에서는 유럽 남부지역과 북아프리카, 중동지역에 대해 개략적인 지리정보를 가지고 있었다. 그레코-로만^{Greco-Roman}(그리스와 로마) 세계의 정복사업은 어떤 면에서 이러한 잘못된 정보 덕택에 가능했다.

알렉산더대왕^{Alexandros the Great}은 세계가 우랄산맥과 인도 벵골지방 사이 어디쯤에선가 끝난다고 철석같이 믿었다. 또 그는 인도까지의 정확한 거리정보도 갖고 있지 못했다. 이탈리아반도에서 시리아 해변까지 선박으로 이동하면 50일, 육로로 걸어가면 125일 걸리던 시절이었던 만큼, 그는 세계정복이 버겁기는 해도 불가

■ 페르시아 정복을 그린 모자이크화에 묘사된 알렉산더대왕
ⓒ Wikimedia Commons

능한 일은 아니라고 여겼다. 그저 몇 년 안에 달성할 수 있는 일이라고 생각했다.

율리우스 카이사르^{Gaius Julius Caesar}는 오늘날 독일지방인 게르마니아의 크기를 실제 사이즈의 3분의 1 정도 되는 것으로 판단했다. 카이사르가 실제 게르마니아의 크기를 정확히 알았더라면 라인강 쪽으로 진군하는 일은 없었을지도 모른다.

정도의 차이는 있지만 1,000년 이상의 세월이 지나가도 오류는 적지 않았다. 크리스토퍼 콜럼버스^{Christopher Columbus}는 지구의 크기를 실제보다 훨씬 작은 것으로 믿었다. 콜럼버스는 일본이 중국에서 2,400킬로미터나 떨어져 있다고 생각했고, 카나리아군도에서 일본까지의 거리가 4,400킬로미터 정도일 것으로 계산했다(실제로는 일본은 중국과 인접해 있고 카나리아군도와 일본 간 거리는 1만 9,000킬로미터나 된다고 한다).

그는 독서를 통해 얻은 고대의 지식과 최신의 해석들을 통해 지구를 아주 작은 규모로 그려냈다. 모든 추산의 최하치를 고집했고 단위를 환산하면서도 자신의 주장에 유리하도록 제일 작은 수치로 계산했다. 그리고 지구 전체에서 대양^{ocean}이 차지하는 비율을 아주 작게 상정했다.

대신 아시아대륙은 실제보다 훨씬 크게 그렸다. 콜럼버스의 머릿속에서는 유럽에서 아시아로 항해하는 것이 쉬운 일이었고, 그 같은 자기최면이 바로 그를 실제 서쪽으로 뱃머리를 돌려 나아가게 만든 원동력이 됐다.

만약 알렉산더대왕이나 카이사르, 콜럼버스가 정확한 지리정보를 갖고 있었다면 지금쯤 인류의 역사는 어떻게 되었을까? 모를 일이다. 그들의 집념 어린 성격을 생각하면 최악의 조건을 미리 알고도 도전했을 가능성 역시 크다. 다만 분명한 것은 수많은 망설임과 불안, 고민의 순간이 뒤따랐을 것이고 그것이 어떤 식으로든 사태의 진행과 결과에 영향을 미쳤을 것이라는 사실이다.

결국 역사란 이렇듯 무지에서 비롯된 무모함이 있었기에 어쩌면 더 빨리 발전해왔는지도 모른다.

너무 많은 고민 때문에
도전을 미루는 당신에게

"조선造船이 별건가, 배 위에다 빌딩 하나 지으면 되지."

현재 한국의 조선산업은 세계 최고수준의 경쟁력을 자랑한다. 하지만 잘 알려진 것처럼 고故 정주영 현대그룹 명예회장이 조선사업을 시작할 때만 해도 자본도, 경험도, 시장도 없는 한국조선업이 이렇게 성장하리라고 예상한 사람은 없었다.

정주영 회장이 조선사업 진출을 감행하고 성공할 수 있었던 비결로, 많은 사람들이 탁월한 단순화 능력과 무모하다 싶을 정도의 배짱을 꼽곤 한다. 이홍구 전 총리 등 정주영 회장과 친분이 깊던 인사들은 "아산(정 회장)은 복잡한 상황을 직관적으로 단순화시키는 능력이 탁월했다"라고 입을 모아 말한다.

머릿속의 계산이나 책상 위 기획이 아니라 눈으로 보고 몸으로 부딪치면서 '하면 된다'라는 생각을 하게 됐고, 거기에서 "해봤어?" 정신이 나왔다는 설명이다. 이 같은 단순함과 자신감을 바탕으로 조선소부지 사진만 들고 유조선을 팔았고, 거북선이 그려진 500원짜리 지폐 한 장으로 배 만들 자금을 구했다는 것이다.

정주영 회장이 남긴 각종 어록들도 배짱과 단순화란 공통점을 보여준다. "뭐든지 어렵다고 생각하면 어렵고, 쉽다고 생각하면 한없이 쉬운 거야"라거나 "창업의 가장 근본이 무엇이냐고 묻는다면 낙관적인 사고와 자신감이라고 말할 것이다"라는 발언이 대표적일 것이다.

길이 없으면 길을 찾고, 찾아도 없으면 자신이 직접 만들면 된다는 게 정주영식 사고였다. 길을 만드는 것도 어려운 일이 아니라는 자기확신이야말로 그가 남들이 내지 않던 길을 뚫어낸 힘이 되었다. 그 같은 긍정적 사고가 맨땅에서 굴지의 대기업을 일군 초석이 된 것이다.

눈앞에 있는 정보를 무시하라는 이야기가 아니다. 객관적인 분석을 믿지 말라는 것도 아니다. 중요한 것은 아무 정보나 분석이 없던 시절에도 불가능에 가까운 도전에 성공하는 사람들이 분명 존재했다는 사실이다.

　도전은 때때로 이토록 무모한 사람들에게만 허락된다. 그리고 다들 잘 알다시피 도전 없이는 성공도 있을 수 없다. 너무 많은 고민과 불안 때문에 도전을 차일피일 미루고만 있는 이들이 새겨들어야 할 말이다.

장기적이고 영향력 있는 변화는 어떻게 만들어지나

판을 뒤엎는 게임체인저를 꿈꿔라

발상의 전환을 가져온 게임체인저Game Changer가 각광받는 시대다. 과거 같으면 조직생활에 적응하지 못하는 '또라이'로 불렸을 부류들이 창의력 넘치는 인재로 대접받고 있다. 이러한 이단자들은 양날의 검과도 같다. 그들의 과감한 사고와 행동이 새로운 사업을 일구기도 하고, 때론 그들의 황당한 행동이 조직을 위험에 빠뜨리기도 한다.

사실 경영의 역사를 살펴봐도 이단자를 어떻게 쓸 것인지는 언제나 큰 고민거리였다. 표준형 인간이 만들어내는 대중시장과, 독특한 창의력이 돋보이는 별종들이 창출해내는 시장은 마치 밀물과 썰물처럼 성쇠를 반복해왔기 때문이다.

▌별종들이 만들어내는
새로운 세상

최근 들어 IT시장의 발전에 발맞춰 별종형 인재들에 대한 관심이 유독 커지고 있다. 세계적인 경영구루 세스 고딘^{Seth Godin}은 인터넷 음원 사이트 냅스터^{Napster}나 아이스크림체인 배스킨라빈스^{Baskin Robbins}의 성공요인으로 별종들의 능력을 십분 활용한 경영스타일을 들고 있다.

냅스터가 인기를 끈 것은 TV나 라디오를 틀면 바로 들을 수 있는 최신 인기곡들을 제공해서가 아니었다. 전 세계 어디에서도 판매되지 않는 80퍼센트의 음반을 제공했기 때문에 사람들의 발길이 끊이지 않았던 것이다. 사람들이 시중에서 구하기 힘든 독특한 무명의 음악을 찾아 나섰고, 그 같은 틈새시장의 욕구를 채워주고 공급하는 데 주목한 괴짜들이 새로운 거대 음원메이저를 키워냈다는 설명이다.

반면 기존 오프라인 음반판매상의 대명사로 불리던 타워레코드^{Tower Records}는 다양성을 향한 사람들의 끝없는 욕망을 채워주지 못한 탓에 역사의 뒤안길로 사라지고 말았다.

"다양한 종류의 아이스크림을 한자리에서 팝니다"라는 모토를 내세운 배스킨라빈스의 성공사례도 이와 같은 측면에서 바라볼 수 있다. 사실 '서른한 가지 맛 아이스크림'이라는 아이디어는 "우스꽝스러우면서도 어이없는 것"이라는 게 고딘의 설명이다. 하지만 점점 더 많은 사람들(소비자들)이 선택의 여유를 가지게 되면서, 다양한 아이스크림을 골라 먹는 것이 시장의 주요한 트렌드가 되어버렸다는 것이다.

전에는 경제적인 이유 탓에 다양한 선택을 중요하게 생각하지 않던 사람들까지 이제 자신의 선택에 주목하게 되었다. 선택의 여유를 누리거나 시장지배력이 없다고 생각되던 사람들마저 이제 자신들에게 선택의 여지가 있다는 사실을 발견하고는 곧장 그 여유를 누리기 위해 실행에 옮기기 시작한 것이다. 그리고 이 같은 점을 간파해 이윤창출의 계기로 삼은 주역들이 바로 별종이라 불리는 사람들이었다.

무엇보다 별종들은 과거에 없던 새로운 시장을 만들어냈다는 점에서 높은 점수를 받을 만하다. 이들이 만들어내는 시장은 곧 세상의 표준이 되어왔다. 이들은 과거부터 지금까지 줄곧 이런 식으로 세상을 바꿔왔고, 앞으로도 그럴 것이다.

고대의 세계관을 바꾼
스파르타쿠스의 발상전환

　요즘 미국드라마 주인공으로 한창 주가를 올리고 있는 스파르타쿠스^{Spartacus}. 그 역시 오늘날의 관점에서 보면 게임체인저라 불릴 만한 인물이다. 실제로 그는 기존세계의 고정관념에 구애받지 않고, 발상전환을 통해 새 역사를 써내려갔다. 그의 업적은 후대사회에도 큰 영향을 미쳤다.

　기원전 72년 렌툴루스^{Gnaeus Cornelius Lentulus Clodianus}와 겔리우스^{Lucius Gellius Publicola}가 이끄는 로마군을 잇따라 격파한 스파르타쿠스는 로마의 자존심에 상처를 입히는 상상 밖의 행사를 거행했다. 칼 마르크스^{Karl Marx}가 "고대사를 통틀어 가장 위대한 인물"이라고 일컬었으며, 볼테르^{Voltaire}가 "역사상 유일하게 정의로운 전쟁을 수행했던 인물"이라 칭송했던 주인공 스파르타쿠스가, '노예의 족쇄를 벗어버리기 위해, 자유인이 되기 위해, 억압받는 사람들이 로마라는 멍에로부터 벗어나기 위해 싸운' 그 모든 전투를 종합한 듯한 대형이벤트를 개최한 것이다. 바로 노예들에게 검투경기를 선사하기로 한 것이다.

　이전까지 로마가 자유인에게만 허락한 스펙터클을 비천한 존재로 여겨지던 노예들도 즐길 수 있도록 한 것이다. 그는 로마군 포로들을 전직노예들이 즐기는 검투경기에 투입함으로써, 전통적으로 내려오던 역할을 바꾸는 반전의 묘미를 만들었다.

노예를 관중으로, 로마군 포로들을 검투사로 만든 것은 여러 가지로 의미 있는 행동이었다. 노예들은 그 이전까지 로마인들로부터 "어느 누구의 소유물이며, 때론 도망치고, 두들겨 맞기도 하고, 타인의 재산에 손해를 끼치기도 한다는 점에서 가축과 다를 바 없다"라는 평을 듣던 존재였다. 때문에 스파르타쿠스의 이 반전으로 가득 찬 이벤트는 로마인들에게 크나큰 정신적 충격을 안길 수밖에 없었다.

인간 이하의 대우를 받던 노예들은 스파르타쿠스에 의해 해방된 후 로마에 더욱 두려운 존재가 되어갔고, 복합적인 상징이 담긴 행동을 하기 시작했다. 로마인 포로를 검투경기에 투입한 행사는 얼마 전 스파르타쿠스와 갈라져 일부 노예탈출자들을 이끌다 로마군에게 죽은 크릭수스Crixus를 기리고 추모하는 경기였다. 동료의 죽음과 패배소식은 전령이나 크릭수스 군대의 생존자를 통해 스파르타쿠스에게도 전해졌을 터였다. 그러니 자연스레 승전의 기쁨과 전과가 친구의 원혼을 달래는 데 사용되었을 것이다.

위대한 인물의 무덤 옆에서 검투사 한 쌍을 맞붙게 하는 것은 로마의 오랜 관습이었다. 이는 고대에는 크나큰 명예와 존경을 나타내는 것이었다. 이전 같으면 이름도 남기지 못했을 한 검투사가 이제 위대한 영웅과 동격으로 취급된 것이다.

스파르타쿠스는 단순히 검투사 한 쌍만 싸우게 한 것이 아니었다. 크릭수스의 화장식을 상징하는 장작더미 둘레로 300명의 로마군 포로를 불러내 죽을 때까지 싸우도록 시켰다. 배리 스트라우스 Barry Strauss 미 코넬대 교수에 따르면 이는 죽은 자를 영광스럽게 기억하고 이제 곧 죽을 로마인들에게 치욕을 안겨주며 경기 주최자의 명성을 드높이는 사실상의 인신공양人身供養, human sacrifice이었다고 한다. 일부 문헌에서는 400명의 로마군 포로가 동원됐다고도 하는데, 이는 당시로선 그야말로 엄청난 규모였다.

역사의 변곡점을 만드는 것은 언제나 괴짜들이었다

당대 세계에서는 전혀 생각지도 못할, 각종 상식을 깨는 행동을 선보였던 스파르타쿠스는 고대의 순장풍습, 인신공양 풍속 등에 있어서도 충격적인 파격행보를 보였다. 이러한 그의 행동은 당시 사람들에게 큰 정신적 충격을 안겼으며, 그 충격의 여파가 오래 지속되면서 그는 마침내 신화의 주인공이 되었다.

노예는 인간도 아니고 주인에게 무조건 복종해야 한다는 관념을 깬 스파르타쿠스. 주인과 노예의 처지를 극적으로 뒤집는 행사를 만들어 사람들의 가치관을 흔들었던 그는 말 그대로 판을 뒤흔든 게임체인저였다. 게다가 분명한 목적을 세우고 치밀하게 전략을 세운 후 이런 파격행보를 보인 것이기에, 그는 단순한 또라이가 아니라 시대의 이단아가 될 수 있었다.

물론 모든 독창적인 시도가 항상 성공하는 것은 아니다. 역사 속의 영웅들이야 수백, 수천의 독창적인 시도 가운데 하나가 성공하여 천재라는 소리를 듣는 게 아니겠는가. 마리화나 피우기를 즐겼고, 채식을 한다며 몇 주를 사과와 당근만 먹으며 버텼던 남자, 거기에 첫 직장에는 장발에 맨발로 출근했던 젊은 시절의 스티브 잡스 역시 훗날의 대성공이 없었다면 자칫 또라이로 불리다 인생을 마감했을지도 모른다.

실제 대다수 '스티브 잡스들'의 황당한 시도는 실패로 끝나기 십상이다. 괴짜로 낙인 찍혀 재기를 못하는 경우도 다반사다. 문제가 무엇일까. 바로 그 황당한 시도의 목표와 실행과정, 사후처리에 관한 고민이 충분히 이루어지지 않았다는 것이다.

그저 독특해 보이기만 하는 행동, 어이없는 전략이 눈부신 성과를 냈을 때 우리는 운이 좋았다거나, 시대의 흐름을 잘 타고났기 때문이라고 치부해버린다. 그런 점도 일부 있겠지만 사실 그런 결과를 이끌어낸 사람은 우리가 흔히 괴짜라 부르는, 그러나 알고 보면 치밀하기 짝이 없는 스파르타쿠스 같은 인물이 대부분이다.

그들은 평범한 사람과 사안을 다르게 본다. 좀더 상황이 좋아지기 위한 방안을 찾기보다, 아예 세상의 룰을 거슬러 새로운 판을 창조해내려고 한다. 목표가 다르니 결과는 자연히 크게 차이가 날 수밖에 없다.

　역사 속에는 언제나 세상의 흐름이 급류에 휘말리듯 급격히 변화하는 특정한 시기가 고비, 고비마다 도래한다. 이러한 역사의 변곡점을 만드는 것은 언제나 이러한 괴짜들이었음을 기억할 필요가 있다.

도전의 성공을 위해
외부의 도움이 꼭 필요할까

획기적인 시선을 활용할 준비가 되었는가

일본의 자동차 제조업체 닛산日産自動車, Nissan Motor은 인기모델 인피니티를 개발할 때 문화의 차이를 무시하다가 황당한 일이 겪은 적이 있다.

캘리포니아에서 활동하던 미국인 차량디자이너들은 인피니티 J-30 설계 프레젠테이션 도중 일본인 경영진이 당혹스러워하는 것을 보게 되었다. 그도 그럴 것이 일본인들은 차량의 정면디자인을 보길 원했지만 프레젠테이션은 측면디자인 위주로 진행됐기 때문이었다. 미국디자이너들은 차를 정면보다는 측면에서 보는 편이었는데 이러한 문화적 차이 탓에 정작 경영진이 원하는 디자인을 제시하지 못했던 것이다.

설상가상으로 그들은 일본인들이 '찡그린 입'이라고 묘사했던 밑으로 쳐진 그릴이나 사팔뜨기 눈처럼 보이는 좁은 직사각형 전조등을 채택하여 '재수 없고 무례하게 보이는' 디자인초안을 제시하는 실수를 저질렀다.

지배자의 강력한 통제를 반영한 장안의 108개 방

닛산의 사례처럼 중요한 도전을 시작할 때 외부인을 개입시키는 것이 과연 부정적인 것일까. 역사는 이에 대해 현명한 답안지를 슬쩍 내보여준다. 동서양을 각각 대표하는 중국 장안(583~904)과 이라크 바그다드로 가보자.

중국 고대 성시 가운데 인구가 100만 명을 넘는 곳으로는 보통 남조의 건강과 당대의 장안과 낙양, 송대의 개봉과 임안, 명초의 남경, 청대의 북경 정도를 꼽는다(정말로 인구 100만 명이 넘었을 도시를 보수적으로 계산하면 이 숫자는 한참 줄어든다고 한다).

이 가운데 원래 있던 지방도시를 왕도로 만든 경우는 중국 역대 왕도 중 남조의 건강(318)과 북송의 개봉(960~1127), 남송의 임안(1127

~1179) 등이다. 반면 완전히 새로 만든 계획도시로 왕도의 대명사가 된 곳으로는 장안을 꼽을 수 있다. 장안은 선비계나 흉노계 등 비한족 혈통을 지닌 수왕조가 중국의 재통일을 앞두고 582년 착공해 583년 완공한 대흥성을 모태로 했다.

대흥성 건설의 효시가 된 것은 북위가 만든 평성이었다. 평성은 다시 위나라 업성이나 위진의 낙양성, 한대의 장안성을 개축해 사용했던 오호십육국 당시 장안성의 영향을 받았다.

장안에 앞서 북위의 평성(406년 완성) 이래 유목정권은 북위 낙양성(502년 완성), 동위·북제 업성(535년 완성) 등의 왕도를 건설했다. 수는 장안성(대흥성) 외에도 낙양성(605년 완성)도 건설했다.

이들 유목정권은 통치자와 집권층이 비한족 출신이었고 강력한 군사적 성격을 띠었다. 비슷한 시기에 대체로 번성했던 서방의 로마와 콘스탄티노플, 트리어, 밀라노와 동양의 장안, 낙양, 남경은 모두 군사적 성격이 강한 귀족층의 지배하에 있었다는 게 공통점으로 지적되곤 한다. 이와 함께 도시가 격자형의 계획도시 형태이며, 중국 고래의 이상도시를 모델로 삼았고, 방장제를 채용해 치안과 방어를 우선하는 도시구조를 갖췄다는 점도 유사하다.

실제로 당시 장안성은 거주인구를 수용할 수 있는 면적보다 훨씬 크게 만들어진 대성大城으로(비잔티움의 7배, 바그다드의 6.2배) 장안 남곽 부근의 방 39개는 사람이 전혀 살지 않는 빈방으로 놀렸다고 한다. 높고 큰 우리를 100개나 만들어놓고 장안으로 찾아오는 자들로

차곡차곡 채워나갔는데 주민들은 성 밖에 사는 것이 허용되지 않았고 2개나 4개의 방문을 통해 오직 주간에만 출입할 수 있었다고 전해진다.

만약 주민이 방장을 넘어서 외출하면 중죄로 취급하여 태장 70회가 가해졌다. 밤에 월장했을 때도 태장 20회의 중형에 처해졌다. 새벽과 저녁의 북 치는 소리에 따라 성문과 방문이 개폐됐고 모든 주민들의 생활은 황제가 정한 시간표에 따라 일사불란하게 움직였다.

당나라 시인 왕정백이 시 '장안도長安道'에서 '새벽 북소리에 사람들 벌써 나다니고, 저녁 북소리에도 쉬지를 않네, 산 넘고 바다 건너 만국에서 몰려와, 앞다퉈 황금과 비단을 바친다'라는 표현은 장안의 화려함과 함께 이 같은 통제상을 알게 모르게 전하고 있다.

이런 상황에서 장안의 108개 방은 우리의 집적에 불과했고 주민들은 우마牛馬와 같은 위험한 동물로 여겨졌다. 이에 따라 사람들은 마치 우리 속의 동물처럼 뚜껑 없는 거대한 상자와도 같은 방 속에서 사육되다시피 했다.

그러던 중 전한 초 지어진 이래 수축을 반복하며 780년간 사용해온 옛 장안성 건물이 노후화하고, 성 안팎의 배수 및 상수 설비도 사용하기 곤란해지자 수 왕조는 아예 전면적인 도시 재건축을 단행하게 된다.

외부세력의 유연성이
도시공간을 혁신하다

수나라는 완전히 제로베이스에서 장안을 비슷한 시기, 서아시아에 자리 잡은 바그다드(762년 착공, 766년 완공)처럼 일종의 이상도시로 건설했다. 두 도시의 차이라면 바그다드가 원형이었던 반면 장안은 네모 형태를 취했다는 점이었다.

하지만 근본적으로 두 도시의 형태는 비슷한 의미를 내포하고 있었다. 장안이 사각형으로 만들어진 것은 '도시는 대지를 상징하는 네모꼴을 취한 채, 대지를 덮고 있는 둥근 하늘의 중심과 우주축

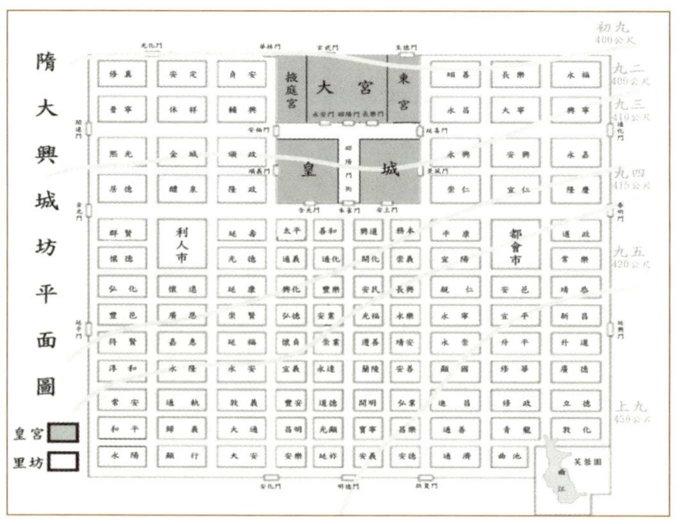

■ 수대의 대흥성 성방의 평면도. 대흥성이라 불린 이 도성은 이후 수당대의 수도, 장안의 수도가 된다. ⓒ Wikimedia Commons

을 통해 연결된다'라고 하는 중국의 전통적인 도시계획에 기반을 두었기 때문이었다. 바그다드가 원형으로 건설된 것은 원의 중심을 통해 우주중심에 접속한다는 페르시아와 메소포타미아의 도시전통에 근거를 둔 것이었다. 또한 원형은 세계를 안고 있는 공 모양의 천체를 상징했다.

바그다드 건설 당시 관찰자인 아부 유수프 이븐 이스하크^{Abu Yūsuf ibn Ishāq}가 '세계의 교차로'라고 평한 바그다드는 성벽과 해자 궁전을 에워싼 내벽이 둥그런 환상으로 건설됐다. '영원한 도시'를 의미하는 장안은 아랍어로 '매디나 알 살람^{Madina al-Salam}(평안한 도시)'이라 불렸는데 바그다드와 함께 각각 중국세계와 이슬람세계의 가치관을 응축하여 주도면밀하게 계획한 끝에 만든 도시로 꼽혔다.

비슷한 시기 유럽의 주요 도시였던 콘스탄티노플이 자연발생적 발전을 이루었던 것과 달리 장안과 바그다드가 새로 조성된 일종의 이상도시를 왕도로 삼은 것은 이들이 외부에서 침입한 정복자가 만든 도시였기 때문으로 볼 수 있다. 기존도시를 왕도로 삼은 콘스탄티노플은 로마제국의 권력자가 그대로 지배 정통성을 계승한 상태에서 굳이 왕도를 통해 지배 정통성을 명확히 나타낼 필요가 없었다. 그저 기존의 주민 생활공간을 왕도에 알맞게 기능적으로 개조하면 그만이었다.

반면 외부의 정복자가 새로 건설한 왕도인 장안이나 바그다드는 지배 정통성을 표현하는 무대가 되어야만 했다. 따라서 주도면밀하게 계획된 왕도의 건축공간에 정복자의 가치관을 시각적으로 드러내는 작업을 했다. 주민의 생활보다는 정권의 정통성을 시각화하는 작업에 역점을 둘 수밖에 없었던 것이다.

재미있는 것은 계획도시 장안의 설계에 외부자가 참여했기에 가능했던 파격이 존재한다는 사실이다. 바로 주례의 지침을 깨고 도성의 중핵을 이루는 궁성이 도성의 최북단에 자리하도록 한 것이다. 시가 전체가 전통적인 이제^{里制}(한나라 시기 도시운영체제. 야간 통행금지도 없었고 밤에 각 이^里를 나누는 문을 닫지도 않았다)에서 방장제^{坊牆制}(성곽 안에 폐쇄식 방장을 만들어놓고 주민을 그 속에 들어가 살게 한 제도)로 바뀐 것도 이민족이어서 가능했던 시스템으로 평가된다.

전통적인 중국의 왕도는 도시 가운데 궁성을 두고 궁 북쪽에 시장을 두었는데 이처럼 궁성 북단에 시장을 두는 후시 형태는 주민들 일상생활의 편리성을 전혀 고려하지 않고 상업을 멸시한 유가 중심의 사고였던 것이다. 반면 호족국가였던 수나라는 한족이 만든 원칙에 구애받지 않고 전통제도의 장점을 잘 살릴 수 있는 유연함을 가졌다는 게 역사학자들의 일반적인 평이다(물론 장안은 역대 어느 도시보다 번성을 누렸지만 이것이 민본주의 발로에서 나온 것만으로는 볼 수 없을 것이다). 여기에는 박한제 전 서울대 교수가 지적했듯 궁이 북쪽에 있어야 유사시 탈출에 유리했을 것이라는 군사적 측면도 물론 고려되었을 것이다.

도시의 역사를 보면 혁신적 사고를 가진 외부세력들이 이뤄내는

가시적인 결과가 확연히 드러난다. 그들이 만들어내는 결과물은 외부의 시선이 가질 수 있는 힘이 어떤 것인지 잘 가르쳐준다. 이는 앞선 시대와의 단절과 함께 새로운 시대의 가치를 고스란히 담아 내고 있다.

도전의 동력은
때로 외부에서 충당된다

닛산의 이야기에서 알 수 있듯이 외부로부터의 충격이 언제나 긍정적인 변화의 불꽃만을 일으키는 것은 아니다. 간혹 치명적인 실수를 야기할 가능성도 있다.

하지만 대부분의 역사는 외부의 새로운 시각이 개입되었을 때 도전과 혁신의 진행이 훨씬 빠르다는 것을, 그로 인해 정체된 조직 에 활기가 돈다는 것을 분명히 보여준다. 특히나 이는 조직을 운영 하는 사람들에게는 큰 도움이 된다. 줄곧 같은 곳을 바라본 사람들 에게는 보이는 부분만 보이기 때문에 정작 중요한 점을 놓칠 가능 성이 농후하다. 상황을 입체적으로 살펴보고 대안을 모색하는 데 는 제삼자의 시선만큼 좋은 것도 없다.

스키를 넘어 현재 가장 인기 있는 동계스포츠 가운데 하나인 스 노보드는 1968년 처음 개발되어 1980년대부터 미국과 유럽시장에

확산되기 시작했는데, 처음에는 시사주간지 〈타임 *Time*〉에서 '최악의 신종 스포츠'라는 오명을 붙여주었을 정도로 대우를 받지 못했다고 한다. 주요 스키리조트들에서는 스노보드를 금지시키려고 할 정도였다.

돌이켜보면 이 시기는 스노보드사업을 시작하기 가장 좋은 때였다. 스키슬로프 입장료가 계속 오르면서 수준급의 스키실력을 갖춘 사람이 아니면, 특히 어린이를 둔 가족소비자들은 스키에서 스노보드로 돌아설 가능성이 컸기 때문이다. 여기에 젊은이다운 반항의 상징이던 스키의 이미지가 시대에 뒤처지기 시작하면서 스키산업은 추진력을 잃기 시작한 상황이었다.

하지만 당시 스키시장을 지배하고 있던 로시뇰 *Rossignol* 이나 살로먼 *Salomon*, 피셔 *Fischer* 등 활강스키 제조업체들은 스키시장점유율 지키기에 급급해 스노보드시장에 눈을 돌리지 않았다. 결국 이 신산업을 개척한 것은 기존 스키제조업자가 아니라 외부인이었다.

제이크 버튼 카펜터 *Jake Burton Carpenter* 라는 미국의 사업가가 동네 철물점부터 오스트리아까지 돌아다니면서 수작업으로 만들던 스노보드를 상업화했다. 스노보드 이용자들에게 스키리조트가 개방되어야 한다는 내용의 캠페인도 진행했다. 그 결과, 카펜터는 연간 500만 명 이상으로 커진 스노보드시장을 초기에 장악할 수 있었다. 스키업체들이 내부에서 이루지 못한 혁신을, 외부사업자가 단숨에 이뤄내어 판을 바꿔버린 것이다.

이런 이야기가 어디 한둘일까. 도로시 레너드Dorothy Leonard 하버드 경영대 교수가 소개하는 보잉사의 신형 기내화장실 개발비화도 무척이나 흥미롭다.

보잉은 신형 여객기 안에 들어설 화장실을 설계할 때 미국 설계사들이 아니라 일본인들의 도움을 받았다. 내부인들이 갖지 못한 신선한 시각을 외부에서 조달하는 시스템을 갖추고자 한 것이다. 특히나 다른 사람을 난처하게 하는 일에 민감하게 반응하는 일본인의 특성이 이런 일에 안성맞춤이었다.

아니나 다를까, 일본연구진은 수압의 원리를 활용해 화장실 좌변기에서 나는 거친 물소리로 화장실 내의 각종 소음(?)을 제거하는 센스를 발휘했다. 이에 따라 화장실 안에서 나는 소리 때문에 밖에 서서 차례를 기다리는 사람들이 난처해하는 일이 크게 줄어들게 되었다.

그럼에도 불구하고 외부의견은 중요하다

'중이 제 머리 못 깎는다'라는 말이 있다. 자신의 단점은 그만큼 보이지 않을 뿐 아니라 개선하기도 어렵다는 얘기다. 특히 전면적인 대혁신은 외부의 충격이나 외부세력의 주도 없이는 이뤄지지 못하는 경우가 왕왕 존재한다.

반면 외부자의 시선에서는 내부자가 기를 쓰고 찾아도 찾지 못하던 문제가 눈앞에 확연히 보일 때가 많다. 사안의 성격에 따라 다르겠지만 이럴 때는 내부의 의견에 따른 점진적인 개선보다는 외부의 충고에 따른 획기적인 변화를 꾀해보는 것이 좋다.

그렇다면 앞서 소개한 사례에서, 닛산은 대체 무엇이 문제였을까. 간단하다. 닛산의 이야기는 외부의 충고를 받아들이고자 할 때 분명한 전제조건이 있다는 사실을 일깨워준다. 바로 자신만의 원칙이 똑바로 세워져 있어야 한다는 것이다.

사안에 대해 정확히 파악하지 않은 상태에서 무작정 남에게 모든 것을 맡겨버리면 결과가 산으로 갈 것은 불 보듯 뻔한 일이다. 그 과정에서 생각지도 못한 어이없는 실수가 발생하기도 한다. 여기에 내부의 경륜을 무시하고 무조건 외부의 시선, 신선한 의견만 중시했다가 조직의 화합을 해치는 일도 비일비재하게 발생한다.

도전의 역사를 새로 쓰고자 할 때 망설여지는 점이 있다면 외부의 의견이나 도움을 받아볼 것. 그 전에 상황에 대한 인식과 내부적인 원칙을 분명히 할 것. 아주 간단한 이 두 가지 사실만을 기억한다면 도전과 혁신도 그렇게 어려운 과제만은 아닐 것이다.

무엇이 실패를
성공의 어머니로 만드는가

멈추거나 나아가거나, 선택의 문제다

'중국 IT업계의 마오쩌둥', '월마트를 긴장하게 만든 전자상거래 업계의 샛별', '중국의 아마존닷컴 창시자'

이 모든 수식어가 바로 38세의 젊은 나이에 중국 2위 전자상거래 사이트 '360바이닷컴360buy.com'을 만든 징둥상청京東商城의 CEO 류창둥劉强東을 가리키는 말이다. 미국의 경제주간지 〈포천Fortune〉은 2011년 중국의 젊은 엘리트 기업인 1위로 류창둥을 꼽았다. 40세 이하의 젊은 기업가 가운데 가업을 물려받은 이른바 푸얼다이富二代(재벌2세)가 아닌, 스스로 창업한 자수성가형 인재로 류창둥이 독보적이라는 이유에서였다. 그는 향후의 발전가능성과 중국 재계에 미치는 영향력 부문에서도 높은 평가를 받았다.

사업은 실패, 하지만 깨달음은 두 배

류창둥은 자신의 성공비결로 젊은 시절의 실패경험을 꼽는다. 1994년, 스무 살의 중국 런민대 3학년이던 류창둥은 아버지로부터 빌린 20만 위안(약 3,600만 원)으로 베이징에서 시작한 음식점을 몇 달 만에 홀랑 말아먹는다. 사업을 쉽게 본 것이 화근이었다. 장쑤성江蘇省이라는 시골마을에서 영재 소리를 들으며 런민대 사회과학대학에 진학했지만 전공보다 컴퓨터 코딩작업에 흥미를 느꼈던 그는 짬짬이 프로그래밍 아르바이트를 하면서 쉽게 돈을 벌었다. 그러다 단번에 큰돈을 벌 요량으로 집에서 돈을 빌려 그나마 만만한 음식사업을 시작했지만 결과는 대참패였던 것이다.

"처음 드는 생각은 인간 본성에 대한 실망이었습니다. 내가 종업원들한테 얼마나 잘해

■ 360바이닷컴의 홈페이지 http://www.360buy.com/

줬는데 나를 배신하다니……. 인간이 선한 존재인가, 악한 존재인
가 계속해서 고민했습니다.”

류창둥은 첫 번째 사업실패를 겪으며 느꼈던 감정을 이와 같이
회고했다. 이후 빚을 갚기 위해 대학졸업 후 보험사인 일본생명에
들어가 2년간 조직생활을 하게 되면서 사업실패와 관련하여 중요
한 진실을 하나씩, 하나씩 깨닫기 시작한다.

그중에서도 ‘사업실패는 남 탓이 아니라 내 탓’이라는 서슬 퍼런
진실을 발견하기에 이른다. 그러자 사업에 실패한 원인이 하나 둘
씩 저절로 밝혀졌다. 겉모양만 화려하게 음식점을 차렸을 뿐, 그의
회사는 체계적인 관리 · 감독을 할 만한 경영구조가 갖춰지지 않았
다. 그 뿐인가. 회계나 금융 시스템도 마땅히 없었다는 사실이 뒤늦
게 눈에 들어왔다.

빚을 다 갚자마자 류창둥은 1998년 1만 2,000위안(약 216만 원)의 소
박한 자본금을 가지고 베이징의 실리콘밸리라 불리는 중관춘^{中關村}에
‘징둥공사^{京東公司}’라는 소비자 가전제품판매점을 차린다.

이번에는 실패의 경험을 생각하며 경영상의 빈틈을 줄여나갔다.
재고관리에서부터 회계에 이르기까지, 하나하나 체계적으로 직접
관리했다.

노력은 빛을 보기 시작했다. 그의 회사는 성장을 거듭하더니, 고
작 몇 년 만에 4개 도시에 12개의 지점을 거느릴 정도로 커나갔다.

전 세계를 단숨에 접수한 360바이닷컴의 저력

회사가 도약하는 데는 천운天運도 따랐다. 2002년 중국 전역에는 중중급성호흡기증후군, 일명 '사스SARS'에 대한 공포가 뒤덮였다. 사스 바이러스가 맹위를 떨치면서 중국 전역에서 수백 명이 사망했고, 사람들은 점차 집 밖으로 나가는 것 자체를 꺼리게 되었다.

전자제품매장에 파리가 날리기 시작하자 류창둥은 다시금 악몽에 시달리게 되었다. 또 같은 실패를 반복하게 될까 봐 수심 가득한 날들을 보내던 그에게, 마침 커다란 기회를 안겨줄 천금 같은 제안이 들어왔다. 한 매장의 관리인이 사업방향을 온라인판매 쪽으로 돌려보자고 한 것이다.

당시까지만 해도 류창둥은 인터넷을 써본 적이 없었다. 그러나 사람들이 바깥출입을 꺼리는 상황에서 오프라인매장에 매달리는 것은 미친 짓이었다. 그는 여러 가지 사업 가능성을 꼼꼼히 체크한 끝에 매장관리인의 제안을 흔쾌히 받아들였다.

결과는 놀라웠다. 2005년 회사의 온라인매출이 1,200만 달러로 훌쩍 올라선 것이다. 류창둥은 이후 온라인판매에 전력하기로 회사 방침을 일제히 변경한다. 이렇게 해서 태어난 것이 바로 360바이닷컴이었다.

360바이닷컴의 성장속도는 놀라움을 넘어 무서울 지경이었다.

2011년 거래량이 무려 309억 6,000위안(약 5조 5,900억 원)으로 전년 같은 기간보다 200퍼센트 이상 증가했다. 중국 내 B2C 전자상거래 시장점유율은 2011년 4분기 14.7퍼센트에서 2012년 1분기 17.2퍼센트로 증가했다. 2012년에는 매출액을 405억 위안으로 두 배 이상 키우고, 2013년에는 700억 위안(약 12조 6,000억 원)을 달성한다는 계획이다.

그뿐만이 아니다. 중국 내 B2C 전자상거래시장 규모는 818억 위안 정도로 알려져 있다. 이 안에서만 활동하기에 시장이 너무 작다고 판단한 류창둥은 해외로 뻗어나가 미국, 대만 등 37개국으로 영업망을 확장하기까지 했다.

2011년에는 인터넷전문 벤처캐피털인 러시아의 '디지털스카이테크놀로지스DST'로부터 5억 달러(약 5,720억 원)나 되는 투자자금을 유치하기도 했다. DST는 소셜네트워크서비스업체인 페이스북Facebook과 게임업체 징가Zynga, 소셜커머스업체 그루폰Groupon 등에 투자를 해온, 이른바 매의 감식안을 지닌 업체로 불린다. 그만큼 360바이닷컴의 성장잠재력을 외부에서도 높게 평가하고 있는 셈이다. 그런가 하면 애플과 구글Google, 유튜브Youtube에 투자하여 큰 재미를 봤던 미국의 세쿼이어캐피털Sequoia Capital은 물론 잠재적 경쟁자인 월마트마저 돈을 싸들고 와서 360바이닷컴에 투자했다.

이처럼 360바이닷컴이 황금알을 낳는 거위로 평가받게 된 비결은 중국업체답지 않게 만만디慢慢的를 무색하게 하는 빠른 물류시스템을 갖추었기 때문이다. 360바이닷컴에서 오전 11시에 온라인으로 주문을 하면 중국 주요지역에서는 당일 오후 6시 전에 물건을 받을 수 있다. 오후 11시 전에 주문하면 다음날 오전 9시까지 물건을 수령할 수 있도록 했다.

'100분 정책'이라 불리는 서비스도 있다. 배달물품에 불만이 접수될 경우, 100분 안에 불만 접수품을 회수하는 것이다. 이 모두가 젊은 시절의 실패를 자양분 삼아 회사의 정책 하나 하나를 스스로 챙기고 경영구조를 튼튼하게 만들었기에 가능했던 성과라고 그는 평가한다.

허점투성이 왕대포가 우리에게 알려주는 것들

류창둥의 실패와 뒤이은 성공스토리는 어찌 보면 역사의 본질적인 속성을 대변하는 것이기도 하다. 인류의 역사는 그 자체로 실패와 성공의 무한한 반복과 같기 때문이다.

16세기 초 영국의 헨리 8세Henry VIII는 군사력 증강을 위해 지옥이라도 정복할 만큼 많은 대포를 갖기로 결정한다. 하지만 유럽의 변방이던 당시 잉글랜드에서는 제대로 된 대포를 만들 인력도, 기술도 없었다.

당시 최고의 대포는 아우구스부르크의 베크공장과 뉘른베르크의 자틀러공장에서 제조되는 독일제 대포들이었다. 독일의 대포 주조업자들은 정확하면서도 바퀴 네 개짜리 마차로 옮길 수 있는 '가벼운' 대포를 만드는 것으로 정평이 나 있었다.

하지만 군사기술 분야에서 크게 낙후되어 있던 섬나라 영국은 대륙의 장인들에게 대포제작을 부탁할 수밖에 없었다. 결국 헨리 8세는 플랑드르의 장인이던 한스 포펜루이테르^{Hans Poppenruyter}에게 대포생산을 주문해야 했다. 당시 플랑드르에서 만든 '미친 마거리트^{Mad Margaret}'라는 대포는 길이가 5.5미터, 구경이 54센티미터에 무게가 무려 15톤에 이르는 대형대포로 명성이 자자했다.

하지만 잉글랜드에서는 1541년 중요한 발전이 이루어진다. 바로 성직자 윌리엄 레베트^{Rev. William Levett}가 애시다운포트리스트에서 자체적으로 철제대포를 제작하기 시작한 것이다. 철제대포는 깨지기 쉽고 대단히 무거웠을 뿐 아니라 청동대포보다 정확도도 떨어졌다. 크게 만들기도 어려웠다. 하지만 각 지방의 군소대장간에서 싼 가격에 손쉽게 만들 수 있다고 하는, 거부하기 어려운 장점이 있었다.

결국 철제대포 생산에 주력한 잉글랜드는 빠른 시일 안에 철제대포 수출국으로까지 성장하게 된다. 그러다 1574년이 되면 너무나 대포가 많이 수출되어서 정치가들이 대포수출을 금지할 지경에까지 이른다.

그렇지만 잉글랜드가 철제대포 생산을 본격화하던 1550년대에도 잉글랜드에서는 대포의 표준화가 미비한 상태였다. 당시 잉글랜드에서는 크기에 따라 16종의 대포가 있었다. 무게가 4톤에 34킬로그램짜리 포탄을 발사하는 '왕대포cannon-royal'에서부터 무게 136킬로그램에 140그램 정도의 조그만 포탄을 발사하는, 대포라고 하기도 조금 뭐한 '라비네트rabinat'까지, 다양한 대포들이 있었던 것이다. 1544년 볼로뉴 포위전에서는 여전히 11종의 다양한 대포들을 동원했는데, 이때 각 대포마다 저마다 다른 크기의 탄환과 운송기구를 써야만 했다고 한다.

이에 앞서 유럽대륙에서는 신성로마제국의 칼 5세가 1544년 대포구경을 7종으로 정리했고, 프랑스의 앙리 2세Henri II 가 이를 다시 6종으로 줄여 통일했다. 이에 비하면 잉글랜드는 여전히 규격화가 뒤처져있었던 셈이다.

15세기 당시 유럽대륙에서는 조잡한 철제대포보다 깨질 확률이 적은 청동대포가 널리 사용되고 있었다. 이 시기에는 특히 초대형 대포들이 유명세를 떨쳤다. 중세 이래 대포는 점점 커져서 15세기에는 거대한 구포臼砲, bombarde를 볼 수 있었다. 페르낭 브로델Fernad Braudel의 표현을 빌리면 '독일의 나무포대 위에 얹어놓은 천둥치는 관管'이란 뜻의 돈너뷔젠Donnerbüchsen은 포대 위에 얹힌 괴물 같은 큰 청동관'으로, 이것을 옮기는 것은 거의 불가능했다고 한다.

신성로마제국의 황제 막시밀리안은 1499년 '기적의 대포'로 불리던 거포인 스트라스부르크시의 '데어 슈트라우스^{Der Strauss}(타조)'를 빌려갔는데, 이 대포는 적의 손아귀에 떨어질 정도로 속도가 느렸다고 한다. 1500년 3월에는 밀라노공 로도비코 일 모로^{Lodovico il Moro}가 독일에서 밀라노로 6문의 대형대포를 가져오게 했는데 이 가운데 2문이 도중에 부서졌다고 한다.

툭하면 부서지고 성능도 떨어지는 이들 대포는 그 덩치에 걸맞지 않게 당최 힘을 쓰지 못했다. 대포만 믿다가는 전쟁에서 패배하기 딱 좋았다. 만약 대포의 성능이 여기에서 그쳤다면, 이후 우리는 역사책에서 대포의 자취를 영영 발견하지 못했을지도 모른다.

하지만 사람들은 영리했다. 실패의 경험을 그냥 흘려보내지 않았다.

1520년대 이후 더욱 굵은 화약가루를 도입하면서 대포는 그 효율성이 눈부시게 개선되기 시작한다. 화약에 쉽게 불이 붙기 시작하자 크고 무거운 포탄을 한결 쉽게 쏠 수 있게 되었던 것이다. 실패의 원인을 두고두고 고민하면서 거듭 실험했던 결과였다.

그뿐만이 아니었다. 주조기술에도 정확성이 더해졌다. 그러자 타깃을 명중시키는 확률이 크게 높아졌다. 여기에 마차와 함께 움직일 수 있도록 구조를 바꾸게 되면서 군대와 함께 이동할 수 있는 대포들이 등장하게 되었다. 여러 차례의 전쟁경험이 아이디어를 제공했던 것이었다. 이 이동식 대포들은 샤를 7세^{Charles VII}가 포르미니(1450)와 카스티옹(1453)에서 승리하는 데 큰 도움을 주었다.

경험이 고마운 것은 이처럼 실패 이후에 새로운 기회를 주기 때문일 것이다. 물론 실패를 거름삼아 제2의 도약을 꿈꾸는 사람이 없다면 역사 역시 발전하지 못했을 것이 분명하다. 사업도, 기술도 결국은 사람이 하는 것이기 때문이다.

결단을 내리기 전
무엇을 고려해야 하는가

명분을 잃으면 실패해도 회복하기 힘들다

컨설팅사 글로벌비즈니스네트워크Global Business Network의 피터 슈워츠Peter Schwartz 회장은 글로벌 석유거인 로열더치셸Royal Dutch Shell에서 시나리오기획업무를 맡았던 적이 있다. 그는 냉전시절 거대 석유회사 중역들이 옛 소련의 석유와 천연가스가 서유럽에 수출될 가능성을 전혀 고려하지 않는 모습을 보면서 중요한 경영상의 결단이 과연 어떻게 내려지는지에 주목하게 된다.

그는 또한 석유채굴에 실패할 위험성을 따져보지 않고 북해에 거액을 들여 석유 플랜트시설을 짓는 결정이 내려지는 것을 보고는,

CEO의 잘못된 결단이 지닌 위험성에 대해 깊이 고민하게 된다. 북해에 석유채굴을 위한 플랫폼을 짓기 위해서는 건설계획을 세우는 데 수년, 건설기간 수년에 건설비용 수십억 달러가 들었다. 하지만 유가가 폭락하면 이 플랫폼 자체가 쓸모없어지는 상황이었다.

당시 북해에서의 석유생산 결정 자체가 글로벌 석유생산량 중 8퍼센트에 영향을 미치는 것이었던 만큼, 이는 한 기업의 결정에 그치는 것이 아니라 전 세계 경제에 영향을 주는 거대한 결정이 분명했다. 그럼에도 한 기업, 한 국가의 명운을 가르는 결단이 의외로 허술하게 일어났던 것이다.

목숨 대신 아내를 선택한 의리의 사나이, 카이사르

역사 속에도 얼핏 보면 비슷한 장면이 등장한다.

로마의 정치가 율리우스 카이사르 Gaius Julius Caesar는 보통 타고난 정치가이자 노회한 정략가로 알려져 있다. 하지만 잘 알려지지 않은 카이사르의 진면모 하나. 청년 시절의 카이사르는 자신의 목숨이 경각에 달린 상황에서도 끝까지 자신의 처를 지켜낸 의리파 사나이였다.

부인을 버리면 그에게 정치적으로 성장할 수 있는 달콤한 기회가 주어졌다. 그러나 그가 내린 결론은 당대 최고 실력자의 이혼요구에 당당히 '노No'라고 외친 것이었다.

■ 빈의 예술사 박물관에 있는 카이사르의 흉상 ⓒ Wikimedia Commons

아내를 향한 카이사르의 순정이 남달랐던 것은 아니다. 그에게는 이미 다른 여자와의 약혼을 파기하고 정략결혼을 선택한 전력이 있었다. 하지만 일단 혼인을 한 다음에는 더 큰 성공을 보장하는 정략이혼의 기회를 과감히 버렸다. 더 이상 정치적 이해득실을 따지지 않고 가정에 충실하기로 결단을 내린 것이다.

기원전 85년 카이사르의 아버지가 죽자 16살이던 카이사르는 소년가장이 됐다. 카이사르는 아버지 때부터 약속되어있던 코수티아Cossutia와의 약혼을 파기하고 부유한 가문이자 민중파의 영수였으며 집정관이던 킨나Lucius Cornelius Cinna의 딸 코르넬리아Cornelia와 결혼했다.

하지만 기원전 83년 로마에서는 정변이 일어나 술라Lucius Cornelius Sulla가 마리우스Gaius Marius파를 제거하고 정권을 잡으면서 카이사르의 결혼생활에도 영향을 미치기 시작했다. 술라는 독재관으로서 반대파인 민중파에 대해 무자비한 숙청을 단행했다. 술라의 숙청 대상에는 마리우스의 처조카이자 정적 킨나의 사위였던 카이사르가 당연히 포함되어 있었다.

기원전 82년이 되면 술라의 독재권은 더욱 확고해진다. 청년 카이사르에게는 이제 높은 명성이 따르는 고위직을 얻을 가능성이 사라지고 있었다. 고위공직자로의 길이 막혔을 뿐 아니라 목숨도 위태로워지는 지경이 됐다. 술라는 아직 10대였던 카이사르에게 "다치지 않으려면 킨나 집정관의 딸과 이혼하라"라고 요구한다.

하지만 서슬 퍼런 독재자의 명령에 카이사르는 거절의 뜻을 분명히 한다. 카이사르의 이 같은 행동은 대담한 수준을 넘어 매우 위험한 짓이었다는 게 저명한 역사학자 마티아스 겔처^{Matthias Gelzer} 전 프랑크푸르트대 교수의 평이다.

독재자에게 정면으로 반항한 카이사르는 목숨을 부지하기 위해 사비네 지역으로 도피했다. 하지만 카이사르는 도망에 성공하지 못하고 술라의 순찰대에 생포되고 만다. 이 상황에서 카이사르는 뇌물을 주고 빠져나와 목숨을 건졌다. 그러나 이는 임기응변에 불과할 뿐 카이사르의 목숨은 언제 사라질지 모르는 파리목숨과도 같은 상태였다.

그가 다행히 목숨을 건질 수 있었던 것은 술라의 궁정에 있던 귀족들의 구명활동 덕분이었다. "아직 뚜렷한 정치활동을 한 적도 없는 어린애를 죽여 무엇하겠느냐"라는 주변의 말에 술라가 마음을 돌린 것이다. 술라는 "카이사르 안에는 수많은 마리우스가 있다. 그 잘못 자란 소년을 조심하라"라는 뼈 있는 말과 함께 그들의 요청을 받아들였다. 이로써 카이사르는 비참한 탈주자의 신분에서

간신히 벗어났다.

술라의 이혼요구를 거절했다가 죽을 고비를 넘긴 카이사르는 코르넬리아와 결혼생활을 이어갈 수 있게 됐다. 코르넬리아는 기원전 69년 사망할 때까지 카이사르의 부인으로 남아 있었으며, 기원전 76년경에는 카이사르의 딸을 낳기도 했다. 이후 카이사르의 삶은 잘 알려진 바와 같이 로마제국의 초석을 놓으며 탄탄대로를 걷게 된다.

로열더치셸과 카이사르의 결정적인 차이

카이사르가 어린 시절부터 남다른 배짱을 가졌기에 대성공을 한 것인지, 아니면 가화만사성家和萬事成이란 말처럼 부인과 가족에 충실했기에 성공한 것인지 단정하긴 이르다. 또 카이사르와 코르넬리아가 알고 보면 잉꼬부부였기에 이러한 일화가 생겨난 것인지도 모를 일이다.

하지만 진실이 어떻든 간에 카이사르가 젊은 시절부터 보통 사람들과는 다른 결단력과 용기를 지닌 사람이었다는 점에는 이견의 여지가 없을 것이다. 무엇보다 청년 카이사르가 일말의 주저함도 없이 목숨보다 부인을 택한 그 순간이야말로 그의 용기가 만천하에 분명하게 드러난 첫 번째 역사적 장면이었다는 점만큼은 더더욱 분명하다.

그렇다면 카이사르는 후일에 대한 아무런 생각 없이 무조건 부인을 선택했던 것일까. 과연 무엇을 믿고 목숨까지 건 도박을 했던 것일까. 혹, 술라의 치세가 조만간 끝날 것을 예견했던 것은 아닐까. 그것도 아니라면 스스로가 어떻게든 위기를 버텨낼 수 있을 것이라고 믿었던 것일까.

슈워츠 회장이 '효과적인 의사결정'과 관련해 남긴 글들은 카이사르의 선택에 대한 해석의 실마리를 제시한다.

슈워츠는 의사결정에 있어 가장 중요한 것이 '의사결정에 어떤 의미가 부여되는가'를 먼저 파악하는 것이라고 말한다. 이는 '함께 행군하는 지휘관보다는 멀리서 군대를 지켜보고 있는 장군이 병사들을 전장으로 더 잘 보낸다'라는 표현으로도 요약된다.

로열더치셸과 카이사르는 모두 스스로의 명운이 달린 위험한 결정을 내리면서 최악의 시나리오를 고려하지 않은 것처럼 보인다. 하지만 슈워츠의 이야기를 고려하면 이 둘 사이에는 큰 차이점이 존재한다는 사실을 알 수 있다. 바로 자신의 결단이 가진 의미를 장기적인 관점에서 폭넓게 생각해보았느냐, 하는 부분이 그렇다.

로열더치셸은 자신의 의사결정이 미칠 파장과 미래 시나리오를 그리는 데 소홀했던 것으로 보인다. 특히 자신의 결정으로 인해 전 세계경제가 큰 피해를 받을 수 있다는 사실을 간과했던 것 같다. 그야말로 성급한 결단을 내린 셈이다.

카이사르는 어떨까. 목숨 대신 아내를 선택한 그는 단기적으로 보면 매우 우매한 결정을 내린 것이 분명하다. 하지만 장기적인 관점에서 들여다보면 이는 분명 현명한 결정이었다. 결과가 좋았기 때문이 아니다. 그의 선택에는 충분한 명분이 포함되어 있었다.

그의 선택은 자신의 결정으로 인해 고통받게 될 약자, 즉 아내를 배려한 것이었다. 또한 멀리 봤을 때 외부압력에 굴복하는 대신 부부의 신의를 지켰다는 명분을 획득한 것이었다.

의사결정의 의미를 파악할 때는 과연 의사결정으로 인한 파장이 어떻게, 얼마나 될지, 또한 이 결정으로 인해 피해를 보게 될 대상은 누구인지, 이 결정에 어떤 명분이 있는지 등을 먼저 가늠해보는 것이 중요하다. 결단의 순간에 올인하는 것도 중요하지만, 그 매서운 결단 뒤에 확실한 근거가 있는지부터 체크해볼 일이다.

3

기술 개발

남과 나 사이에 눈에 띄는 차이를 만드는 데는 여러 가지 방법이 있을 수 있다. 하지만 그중에서도 남과 차별화되는 나만의 경쟁력을 갖추기 위한 가장 빠르면서도 확실한 방법은 남이 지니고 있지 않은 '기술'을 습득하는 것이다.

기술이 곧 힘이다. 기술은 인간의 삶을 바꿨고 지금도 바꾸고 있다. 일상생활은 물론이고 때로는 세계관 자체를 바꾸기도 한다.

앞선 기술을 확보한 업체는 번성했고 뒤처진 기술을 고집한 기업은 소멸해갔다. 그러고 보면 근대 자본주의가 성립된 이후 기업의 역사는 곧 기술 확보의 역사라고도 할 수 있는 셈이다.

그런가 하면 인간의 감성이 전혀 영향을 미치지 않을 것만 같은 객관적 존재인 기술에도 인간의 감정과 심리, 문화가 복합적으로 영향을 미쳤다. 기술이 인간의 삶을 바꾼 근본요인이기도 하지만, 기술의 발달과 활용의 방향과 한계를 결정한 것은 인간이었다. 인간이 역설적으로 기술의 범위를 지정해버린 것이다.

시장을 제압할 최고의 기술을 만들고 싶다면

모두를 만족시킬 기술이 과연 존재하는가

중국과 일본의 화약 무기 도입사를 살펴보면 재미난 점을 많이 찾아볼 수 있다.

이 두 나라에는 모두 비슷한 시기에 앞서거니 뒤서거니 서양의 화포와 총기(조총) 기술이 전해졌다. 그 과정에서 최신 대포와 조총 등이 소개되었는데 막상 두 나라가 취한 전략은 극단적인 대비를 이루었다. 저마다 처한 환경과 문화적 특색을 살려 서로 반대되는 선택을 한 것이다. 바로 중국은 대포에 집중했고, 일본은 조총의 사용을 창의적으로 발전시켰다.

중국은 대포, 일본은 조총…
두 나라에는 대체 무슨 일이?

일반적으로 중국은 외부의 과학기술을 받아들이는 데 소극적이라는 이미지가 있지만, 알고 보면 이는 사실이 아니다. 특히 한족 중심주의적인 성격이 강하면서 소극적이고 내향적이라는 인상이 강한 명나라 역시, 외부의 군사과학기술을 수용하는 데 있어서만큼은 다른 나라에 비해 매우 적극적이었다고 전해진다. 전통시대 동아시아 군사전문가인 피터 로지Peter Lorge에 따르면 명나라는 중국왕조 중에서 체계적으로 군제에 화약 무기를 보급하고 적용한 첫 왕조라고 한다.

이미 주원장朱元璋의 명나라가 원을 물리치고 성립되던 당시 화약 무기류가 사용되었고, 영락제永樂帝 때가 되면 손으로 들고 다니는 총과 신형대포가 도입된다.

포르투갈 조총은 1529년 명나라에 소개되었고, 서구 기술이 가미된 신형대포 홍이포紅夷砲는 만력제萬曆帝 치세(1573~1620) 동안 도입되었다(명말 산해관山海關에 배치된 홍이포는 후금의 발목을 오랫동안 붙잡아놓

■ 수원 화성에 있는 홍이포. 홍이포는 네덜란드에서 중국을 거쳐 우리나라에까지 들어왔다. ⓒ Wikimedia Commons

기도 했다).

영락제는 북부 국경을 따라 요새들을 건립한 다음, 모든 요새마다 대포를 배치했다. 몽골의 침입에 대비하여 새로운 요새를 짓고, 대포를 배치하고, 총기류를 사용하는 등 삼박자 행보를 계속해나간 것이다.

중국은 특히 새로운 군사기술에 매우 관심이 많았으며, 그것을 생각보다 널리 적용했다. 1536년에는 2,500명의 산시성 병사들에게 조총이 도입되었고, 다음 해에는 3,800명에게 추가로 조총이 지급되었다. 이와 함께 철제대포도 배치되었다.

요새를 유목민들로부터 방어하는 데는 대포와 총기 모두가 기존 무기들보다 훨씬 효율적이었다. 하지만 중국은 조총보다 대포를 선호했다. 조총의 경우 대량생산을 하기가 어렵다는 점과 품질관리가 쉽지 않다는 점이 발목을 잡았던 것이다. 실제로 왜구와 싸운 명나라의 장군 척계광戚繼光은 보병분대마다 고작 조총 두 정씩을 지급하면서, 조총수들을 각종 창검류를 휴대한 병사와 함께 배치하기도 했다.

시간이 지나면서 중국 군대는 자연스레 조총보다 대포를 더 많이 사용했다. 이에 따라 조총은 응당 보조적인 위치를 차지하게 되었다.

비슷한 시기 일본에서는 대포보다 조총을 사용하는 비중이 월등히 높았다. 일본의 경우에는 조총의 본고장인 유럽보다 조총도입

이 오히려 더 활발했다. 또 조총을 실전에 적용하는 기술도 훨씬 다
채로웠다. 세계최초로 조총수를 여러 열로 세우고 연속발사할 수
있도록 하여 기술적 한계를 극복한 것도 일본이었다. 하지만 일본
은 임진왜란 때 여실히 드러난 바와 같이 육전陸戰에서는 거의 대포
를 사용하지 않는 편이었다.

피터 로지는 이와 같은 무기개발의 차이가 발생한 이유를 두 나
라의 화약 무기 활용경향에서 찾는다. 즉, 화약 무기가 중국에서는
고정된 장소에서 방어용 무기로 활용된 반면, 일본에서는 공격용
무기로 활용되었다는 것이다. 방어 무기에는 화력 강한 대포가, 공
격 무기에는 휴대가 간편한 조총이 그 주역이 될 수밖에 없다는 설
명이다. 결국 사회적·문화적 필요가 달랐기 때문에 선호하는 기술
도 달랐다는 것인데, 이는 필요에 따라 기술특화가 진행된 것으로
파악할 수 있다.

누구에게나 좋은 기술은 그저 로망에 불과할 뿐

유용한 첨단기술이라고 해도 모든 사회에서 똑같은 형태로 필
요로 하지는 않는다. 마찬가지로 최신기술이나, 유행이 모든 사회
에 동일한 형태로 적용되거나 발전되는 것만도 아니다. 각 사회마

다 문화적 전통과 현실의 필요에 의해 원하는 기술이 다 다르기 때문이다.

한때 버락 오바마^{Barack Obama} 미국 대통령이 사용하는 것으로 유명세를 떨쳤던 스마트폰 블랙베리^{Blackberry}에 대해 들어본 적이 있을 것이다. 블랙베리는 2010년 기준 미국 내 스마트폰 점유율 1위, 전 세계 점유율 2위를 달리며 파죽지세로 호쾌한 성공가도를 달리고 있었다.

그러나 유감스럽게도 한국 내의 성적은 초라했다. 블랙베리 제조사인 RIM에서는 애써 '현재 한국에서의 성과에 만족한다'라는 입장을 밝혔지만 누가 봐도 한국시장에서는 블랙베리의 패배가 분명했다. 대체 무엇이 문제였을까.

블랙베리는 성공한 비즈니스맨들의 필수품이라는 이미지에 걸맞게 사무용에 적합한 기능들을 실용적으로 갖추고 있었다. 블랙베리의 운영체제는 무엇보다 보안성이 좋아서 사용자가 안심하고 업무에 활용할 수 있었다. 게다가 당시의 다른 휴대전화들과 달리 멀티태스킹이 가능하다는 장점을 지니고 있었다. 또한 스케줄러 등을 이용할 수 있어서 업무순서를 체크하는 데도 큰 도움이 되었다. 블랙베리로 인해 통신기기로만 활용되던 휴대전화 단말기가 마침내 비즈니스의 필수품으로 변모하게 된 것이었다.

하지만 우리나라 소비자들이 휴대전화에 기대하는 성능은 좀 달랐다. 우리나라에서는 이미 휴대전화가 24시간 손에 끼고 사는 생활필수품이 된 지 오래였다. 사람들은 휴대전화를 보며 수시로 사진을 찍고, 메시지를 보내고, 방송을 보고, 뉴스를 검색한다. 우리나라 소비자들의 인식 속에 휴대전화는 '업무용'이라기보다 '오락용'에 가까운 셈이다.

블랙베리만의 이야기가 아니다. 자국을 비롯한 세계시장에서의 성공경험만 믿고 득의양양하게 우리나라에 진출했다가, 뜻밖의 실패에 당황하며 어쩔 줄 모르는 해외업체들이 한둘이 아니다. 아무리 전 세계적으로 대대적인 히트를 기록한 제품, 기술이라 해도 그것이 우리나라에서까지 반드시 성과를 낼 것이란 보장은 어디에도 없다. 우리나라에는 우리나라만의 고유한 시장색깔이 분명 존재하기 때문이다. 그 색깔을 무시했다가는 제아무리 세계 1위 업체라 해도 쓸쓸히 발걸음을 되돌릴 수밖에 없다. 이 이야기는 우리나라 기업에도 마찬가지로 적용된다.

똑같은 기술이라 해도 누구에게는 구세주가, 다른 누군가에게는 무관심의 대상이 될 수 있다. '누구에게나 좋은 기술'이란 것은 사실 '모두에게 사랑받는 사람'이라는 환상만큼이나 말도 안 되는 로망에 불과하다.

아쉬운 것은 기술자, 덧붙여 기술의 공급자다. 기술의 사용자가 어떤 생각과 니즈를 가지고 있는지 전혀 파악하지 않은 채, 우수성 자체만 믿고 오만하게 내미는 기술은 그저 공허할 따름이다. IT강국으로 이름 높은 우리나라의 제품들이 때로 기술 호응도 면에서는 많이 부족하다는 평가가 나올 때마다 걱정이 앞서는 것도 이 때문이다.

기술력만 따지지 말고 사용자의 욕구가 어디에 있는지부터 파악하라. 킬러 콘텐츠는 바로 그 지점에서 탄생한다.

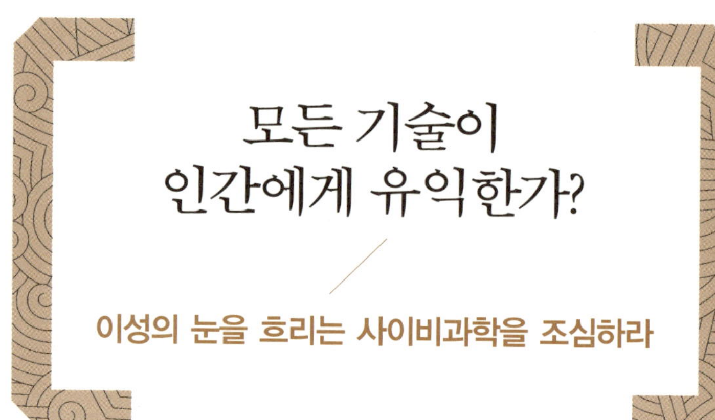

2012년 6월 미국에서는 글로벌 IT 기업들이 잇따라 개발자 콘퍼런스를 경쟁적으로 열었다. 애플과 마이크로소프트^{Microsoft}, 구글 등이 차례대로 자신들의 운영체제 진영으로 우수한 개발인력을 유치하기 위해 공개적인 전면전을 벌인 것이다.

특히 모바일기기 최강자인 애플에 맞서 구글과 마이크로소프트가 반격을 도모한 것이 인상적이었다. 이는 그야말로 기술이 세계를 바꾸는 세상이 됐다는 것을 간결하게 보여주는 장면이었다. 향후 이 개발자들이 어떤 선택을 할지, 이들이 어떤 새로운 제품을 선보일지에 따라 세계 IT지도, 나아가 세계 비즈니스지도는 완전히 뒤바뀌게 될 것이다.

기술이 인간의 삶에 미치는 장구한 영향력

꼭 전문가들이 복잡한 용어를 쏟아내는 개발자 콘퍼런스나 '하부구조下部構造가 상부구조上部構造를 결정한다'는 마르크스주의의 유명한 준칙을 고려하지 않더라도 기술이 인류의 삶에 많은 영향을 끼쳐왔다는 점은 어렵지 않게 확인할 수 있다.

19세기 산업혁명 이후 과학기술이 빠른 속도로 발전하면서 서구국가에서 한때 기술은 야만에서 문명으로의 진화를 상징하는 최전선으로 분류되었다. 근대 서구인들은 신기술이 가져다준 거대한 힘과 생산성의 증대를 크게 반겼다. 그들은 새로운 기술을 갈망하고, 그리워하고, 애원했다.

비서구국가와 과학기술 격차가 커지자 서구인들은 '기계 대 인간', '과학 대 미신', '진보 대 정체'의 개념으로 세계를 바라보았다. 자연스럽게 서구우월주의적인 사고도 발현됐다. 비서구사회에 대한 개입과 질곡도 그 같은 사고를 기반으로 해서 실행에 옮겨질 수 있었다.

근현대사회에 들어서서 기술이 인간의 삶을 규정짓는 요소로 부각됐지만, 사실 정도의 차이가 있을 뿐이지 먼 옛날부터 기술의 발전은 인간생활에서 매우 중요했다. 때로는 그 같은 과학기술 발견의 여파가 수천 년에 걸쳐 생각지도 못한 곳까지 퍼지기도 했다. 다른 한편에서는 과학처럼 보이는 사이비과학과 사이비기술들이 인류사에 어두운 상처를 입히기도 했다.

기술이 인간의 삶에 미치는 장구한 영향력을 확인하려면 고대 중동에서 번성했던 바빌로니아의 업적부터 들여다보자.

3,000년 전 바빌로니아의 업적이 오늘날까지 영향을 미치다

실로 고대 바빌로니아(바빌론)인들은 첨단기술제조기라 불릴 만했다. 그들이 찾아낸 자연법칙과 각종 과학기술은 이후 커다란 영향을 끼치며 인류의 삶을 규정지었다. 바빌로니아는 그야말로 신기술의 요람이었다.

대표적인 것이 60진법이다. 바빌로니아인은 현대인이 보기에는 무지 복잡한 셈법인 60진법을 사용했다. 그들이 이 같은 수 체계를 갖추게 된 것은 점토판에 설형문자를 써내려간 바빌로니아 기록문화의 영향 덕분이었다. 갈대 펜으로 직접 수를 써보면 60진법이 10

진법보다 훨씬 편하다는 것이다.

바빌로니아의 60진법 체계는 하늘의 별자리를 12개로 정의한 '황도 12궁'의 탄생에도 영향을 미쳤다. 12라는 숫자는 60진법과 잘 어울리는 것으로, 원의 각도가 360도가 되고 하늘이 12구역으로 나뉜 것도 60진법의 영향이라고 한다. 시간의 기본단위가 60이 된 것도 바빌로니아가 미친 전통의 힘이라고 할 수 있다.

바빌로니아인들은 하늘을 12구역으로 나누고, 각각의 구역에 음력월과 별자리 이름을 하나씩 대응시켰다. 이들 12구역은 양자리나 황소자리와 같이 별자리 운세로 사람들에게 잘 알려진 십이궁도十二宮圖로 표현됐다.

바빌로니아인들은 방대한 규모의 천문관측기록을 남긴 것으로도 유명하다. 여기에는 바빌로니아인들이 오늘날의 사람들과 달리 과학과 종교, 이성과 영성, 천문학과 점성술을 구분하지 않고 하나의 학문으로 여겼던 이유가 컸다. 하늘에 떠있는 별을 풍요와 기근, 전쟁과 평화 같은 징후를 알려주는 일종의 안내서라고 생각했던 것이다.

초창기 하늘의 변화를 단순히 기록하던 바빌로니아인들은 점차 그 변화시기도 예측하게 되었다. 하늘에서 반복적으로 일어나는 순환의 패턴을 알아낸 다음, 이를 토대로 태양과 달을 비롯한 별들의 움직임을 알아챘던 것이다.

또한 매우 정교하게 천문관측기록을 분석하여 태양이 1년간 하늘을 가로질러 움직이는 속도를 계산했다. 그리고 이 속도를 행성들의 다양한 움직임에 맞춰나갔다.

눈에 띄는 점은 바빌로니아인들이 대기를 별과 같은 범주로 여겼다는 사실이다. 이에 따라 기상현상인 구름의 발생이나 강우를 일식이나 행성의 움직임, 유성 같은 천체의 신비현상과 똑같은 것으로 취급했다.

이 같은 자연현상 분류법은 17세기까지 유럽인들의 사고를 지배했다. 오늘날 영어에서 기상학이라는 뜻의 단어 ‘meteorology’가 ‘meteor(유성)’에서 유래한 것도 멀게는 바빌로니아의 영향 때문이었다.

이처럼 고대 바빌로니아인들은 탄탄한 과학발견을 토대로 3,000여 년간 서구사람들이 하늘과 시간을 바라보는 시각을 결정했다. 그들의 영향력은 우리가 오늘날 매일 쳐다보는 ‘시계’에서부터 심심풀이 땅콩처럼 찾아보는 ‘오늘의 운세’에 이르기까지 생각지도 못한 곳에 엄청나게 남아 있다.

생김새가 인간의 운명과 성격을 결정한다고 주장한 어느 해부학자

반면 과학적 사실에 근거를 둔 첨단기술이 아니라 과학을 빙자

한 사이비과학에 인류의 시야가 흐려졌던 과거도 있다. 과학적 진리와 사이비과학을 구분하기가 쉽지 않았던 탓이다.

때로는 고대보다 합리적 판단이 우선시되고 과학기술 발전도 두드러졌던 근현대사회에서 그 같은 어처구니없는 일이 벌어졌다. 근대정신의 표상이라고 할 만한 유명인사들마저 사이비과학 스캔들에 얽히기 일쑤였다.

그런 일이 벌어질 때마다 피해는 이루 말할 수 없이 컸다. 그중에서도 근대 이후 서구사회에서 두드러졌던 인종주의의 어두운 역사가 그렇다.

18세기 후반 두개학頭蓋學을 정립한 네덜란드의 해부학자 페터 캄페르Peter Camper는 원래 화가 출신이었다. 그는 1770년 암스테르담의 예술학교에서 미술을 수학했고 교내대회에서 최우수상을 수상하기도 했던 재능 있는 학생이었다(화가와 소설가는 이후 골상학자의 일을 겸업하는 경우가 많았다).

사람의 외모에 남다른 관심이 있던 캄페르는 사람 얼굴의 각도에 관해 대단한 발견을 했다. 흑인과 칼무크인(서몽골족) 그리고 유럽인종의 두개골을 비교하여 관찰한 결과, 두개골 각도에서 소위 중요한 차이를 찾아낸 것이다.

여러 인종의 두개골 각도를 재고 이를 다시 유인원의 두개골과 비교했던 캄페르는 윗입술부터 정수리까지의 각도와 두개골의 좌우비례를 열심히 따져서 100분위 단위로 두개골 각도를 세분화했다. 이어 근대 미학^{美學}의 창시자 요한 빙켈만^{Johann Joachim Winckelmann}이
모범으로 생각했던 그리스적인 얼굴을 100점 만점의 이상적인 미^美
로 삼은 뒤 각 인종이 자신이 상정한 이상형에서 얼마나 멀어졌는
지를 따졌다.

그에 따르면 그 각도가 70도 이하였던 흑인은 인간이라기보다는
유인원이나 개에 더 가까운 존재로 여겨졌다. 반면 유럽인들의 두
개골은 각도가 97도 이상으로 평가되어 이상적인 모습에 가까운
것으로 보였다.

캄페르 이후 인류학자들은 두개골의 각도를 과학적인 근거가 있
다고 여겨 이를 전적으로 수용했다. 빙켈만 등에 의해 미의 기준으
로 만들어진 각종 지표는 우수한 인종과 열등한 인종을 나누는 과
학적 척도이자 근거로 널리 활용되기도 했다.

사실 사람의 생김새에 따라 성격이나 운명이 결정된다는 생각은
서구사회에서 16세기부터 어느 정도 퍼져있었다. 당시에는 곱슬머
리나 매부리코 같은 신체적 특징이 개인의 운명이나 질병, 파산,
성격 등을 설명한다고 봤다. 하지만 캄페르 이후 생김새가 운명과
성격을 결정한다는 사고가 퍼지면서, 이러한 판단의 대상이 인종
진체로 넓어져 버렸다.

이제 인간은 외부에서 관찰되는 특성에 의해 판별되기 시작했
고, 인간의 내면은 외면과 불가분의 관계가 되어버렸다. 이때 '사
람은 자기 얼굴에 책임져야 한다'거나 '건전한 신체에, 건전한 정

신'이라는 말이 무서운 무기로 변모되기도 한다.

골상학은 나치 인종정책의 이론적 근거가 되고

캄페르의 뒤를 이어 요한 카스파 라바테르^{Johann Kaspar Lavater}가 영국인과 이탈리아인, 프랑스인의 인상학적 특성을 구분하는 작업에 들어갔다. 민족적 특질을 구분하는 인상요인을 찾는 것이 그의 목표였다.

하지만 라바테르는 이들 여러 민족들을 칼로 무 자르듯 명확하게 구분할 재주가 부족했다. 그는 그저 독일인의 특징은 치아와 웃음이고, 프랑스인은 코가 특이하다는 정도의 애매모호한 설명밖에는 내놓지 못했다. 라바테르는 인간의 특질은 자연환경에 의해 기본형이 결정되고 기본형에서 여러 변종과 다양성이 나온다고 보았다.

비슷한 시기에 라바테르의 후계자들이 유럽 각지에서 경쟁적으로 등장했다. 대표적인 인물이 이탈리아 나폴리 출신인 장 밥티스테 포르타^{Jean Baptiste Porta}였다. 포르타는 인간의 얼굴과 동물의 얼굴 간의 유사성에 집착했다. 그는 동물과 비슷하게 생긴 인간은 그 동물이 가진 특성도 함께 지니고 있다고 보았다. 예를 들어 양이나 황소, 사자와 닮은 사람들은 외모만 닮은 것뿐 아니라 그 동물들의 성상과 본능도 내면에 같이 가지고 있다고 생각했다. 이 같은 주장은 흑인이 유인원과 유사하다는 생각으로 이어져 이후 인종주의자들의 주요 테마로 부상했다.

유럽에 뿌리 내리고 분출되기 시작한 인상학은 프란츠 요제프 갈Franz Joseph Gall에 의해 (오늘날엔 사이비과학으로 판명 난) 골상학Phrenology, 骨相學으로 이어졌다. 갈에 따르면 인간의 성격은 두개골의 형태에 따라 결정되는 것이다. 인간의 두뇌는 각 영역별로 별개의 역할이 있으며(이는 오늘날 뇌과학의 근간이 되기도 했다), 뇌의 특정영역이 발달될수록 그 부위가 커지고 이것이 다시 성격변화로 이어진다는 생각이었다.

이에 따라 1796년 갈은 "범죄 같은 행동은 뇌의 특정부위에 따라 결정되며, 이는 두개골의 형태에 의해 지정된다"는 자신의 이론을 대외적으로 공표하기에 이르렀다. 그에 따르면 범죄자들의 두뇌는 태생적으로 일반인의 것과 차이가 있으며, 범죄를 저지르는 성향은 타고나는 것이었다.

하지만 갈은 다른 동시대인들과 달리 인종차별주의자는 아니었다. 오히려 그는 흑인의 두개골이 백인보다 작아서 지능이 낮다고 하는 당시의 일반적인 이론을 받아들이지 않았다. 하지만 갈 역시 아름다운 신체가 우월한 종족의 표지라는 점만큼은 굳게 믿고 있었다.

19세기 중반이 되면 화가이자 해부학자였던 칼 구스타프 카루스 Carl Gustav Carus가 "우수한 종족과 열등한 종족 간에 계서제階序制와 같은 질서가 잡혀야 한다"면서 "신의 은총을 받은 아름다운 민족은 아리아인"이라는 주장을 펴게 된다. 그는 매부리코를 유대인의 전형적인 특징으로 지목했다. 외모와 민족적 특성, 민족이 마땅히 자리해야 할 위치 등은 그가 평생을 천착한 문제들이었다.

골상학자들의 세분화된 기준에 따르면 유럽인의 코는 '로마인, 그리스인의 코', '유대인의 코'와 '주먹코', '신적인 코'로 나뉘게 된다. 이때 그리스인의 코와 로마인의 코는 지배자 혹은 정복자의 코가 되고, 유대인의 코는 조심스럽고 의심 많은 사람의 코로 분류되는 식이었다.

이 같은 골상학은 후에 프랜시스 골턴 Francis Galton 등이 주창한 우생학으로 이어지고 나치 인종정책의 뿌리가 된다. 무엇보다 우리는 이 같은 인종주의의 뿌리에 서구 계몽주의와 민족주의, 과학의 발전과 지리상의 발견, 식민주의가 복합적으로 작용했다는 사실에 주목할 필요가 있다. 서구 지성사의 주요 인물들까지도 이러한 인종주의의 등장과 전개과정에 나타나 직간접적으로 영향을 주고받기도 했다.

이처럼 역사적으로도 기술은 인간의 삶을 결정하는 주요변인이 되어왔고, 앞으로도 그럴 것이다. 기술력 확보가 기업의 생존과 직결된다는 주장에 수많은 기업들이 공감할 것이다. 하지만 기술은 바빌로니아의 경우처럼 3,000년 이상 사람들의 사고와 삶에 영향을 미칠 수도 있고, 골상학과 인종주의의 사례처럼 사이비로 빠질 경우 큰 부작용을 일으키는 양날의 칼이 되기도 한다. 기술의 개발과 사용에 더욱 엄격한 잣대를 들이대야 하는 이유가 바로 여기에 있다.

기술개발,
그 이상 중요한 것이 있는가

기술은 멈추는 순간 숨통이 끊긴다

2012년 6월.

서울중앙지검은 삼성전자, LG전자과 관련된 90조 원 가치 규모의 기술유출사건에 대한 조사결과를 발표했다. 한국기업이 보유한 세계 최고수준의 국가핵심기술이 외국계 협력업체를 통해 중국, 대만 등 경쟁업체로 빠져나간 정황이 검찰에 포착된 것이다.

검찰에 따르면 LG디스플레이LGD 공장의 디스플레이 검사장비 점검을 위해 공장을 출입하던 한 이스라엘업체 한국지사의 김모씨가 2011년 11월부터 2012년 초까지 2~3회에 걸쳐 시장에 출시되지 않은 55인치 TV용 아몰레드AMOLED 패널의 실물회로도를 촬영해 USB에 담은 뒤 이를 자신의 신발과 허리띠, 지갑에 숨기고 나와 이스라엘 본사에 보냈다고 한다.

같은 회사의 안모 씨도 이 기간 삼성모바일디스플레이SMD를 출입하면서 비슷한 수법으로 아몰레드 패널의 회로도 등을 무단반출한 혐의를 받았다. 이렇게 몰래 빼낸 자료는 이스라엘 본사를 포함해 이 회사의 주요고객사인 중국과 대만업체 직원에게 전달됐다.

수많은 이들이 탐낸
비장의 무기, 그리스 불

이 같은 기술유출 소식이 특별히 새로운 것은 아니다. 2010년 2월에는 당시 세계최대의 반도체 장비회사인 미국 A사의 한국지사가 삼성전자의 D램과 낸드플래시 제작공정 등을 훔친 혐의를 받았다. 2012년 4월에는 삼성의 유기발광다이오드OLED 관련기술을 빼돌리려 한 인사가 LG디스플레이 임원으로 입사하려던 것이 무산되자, 중국 디스플레이업체 사람으로 기술을 유출하려다 검거되기도 했다.

이런 기술유출과 방어를 둘러싼 이야기는 첩보전을 방불케 할 정도로 흥미롭다. 그런데 고도의 기술을 가진 현대에나 존재할 법한 이런 사건들이 생각보다 역사가 오래되었다면 믿어지는가.

그렇다. 기술전쟁의 역사는 생각보다 훨씬 오래되었다. 그만큼 기술은 예나 지금이나 기업, 나아가 국가의 명운을 좌우하는 최고의 무기였던 셈이다.

1,500여 년 전 비잔티움제국 시절에는 최고의 기술로 손꼽히던 '그리스 불Greek fire'이 동시대에 존재한 수많은 국가에서 가장 탐내던, 제1의 쟁탈품목이었다.

물에서도 타도록 만들어진 유황성분의 그리스 불은 비잔티움 고유의 발명품이었다. 동로마제국 신민들이 '해군의 불', '액체 불', '준비된 화염', '인공 불' 등으로 불렀던 이 비장의 무기는, 뜨거운 액체가 좁은 관을 빠져나와 엄청난 굉음과 시커먼 연기를 내뿜으며 불길을 토해내는 식으로 작동되었다.

그리스 불은 먼 거리에서도 적선을 향해 투척될 수 있었고 겨냥

■ 그리스 불을 사용하는 비잔티움 해군 ⓒ Wikimedia Commons

한 배를 몇 초 만에 전소시킬 정도로 위력이 대단했다. 그리스 불에 맞은 나무와 천, 옷가지, 노 등은 모두 거센 불길에 휩싸였고, 이 불은 물을 부어도 꺼지지 않았다. 그리스 불을 두고 동로마제국의 연대기 작가 요한네스 스킬리체스Joannes Scylitzes는 "노잡이에 의해 추진되는 소형범선이 적선 쪽으로 다가가 긴 통으로 뜨거운 액체를 흘려보내면, 두 선박 사이의 바다에 불길이 확 일면서 적선에 불이 옮겨붙었다"라고 전한다.

그리스 불의 제조법은 국가 기밀사항으로 철저히 비밀에 부쳐졌기 때문에 지금도 그 구성성분을 알 수가 없다. 비잔티움제국에서 그리스 불 관련정보를 대외비로 취급한 탓이다. 안타깝게도 재료의 혼합비율과 그것을 발사하는 데 필요한 유압 메커니즘에 대한 정보가 전혀 전해지지 않고 있다.

칼리니코스Kallinikos라는 그리스인 기술자가 발명한 것으로 전해지는 그리스 불은 콘스탄티누스 4세Constantine IV 치세 때인 678년 아랍군과 비잔티움해군의 교전에서 처음 등장했다. 이 신무기는 뒤이어 해전은 물론 성벽에서 액상화염을 발사하는 방식으로 지상전에서도 탁월한 성능을 보였다. 레오 3세Leo III 치세 때인 717~718년에는 그리스 불을 이용해 콘스탄티노플을 포위한 아랍군을 대파하기도 했다.

하지만 불행하게도 이 그리스 불의 제조법은 '현명한 자들'이란 뜻을 지닌 '람프로스Lampros'라 불리던 극소수의 칼리니코스 가문

후손들에게만 비밀리에 전수됐다. 그러다 얼마 가지 않아 이 비장의 무기를 만드는 비밀이 유실되고 말았다. 콘스탄티노플을 방어할 유용한 무기가 영원히 사라져버린 것이다.

그리스 불이 마지막으로 사용된 것은 논란의 여지는 있지만 718년으로 여겨지고 있다. 물론 828년 동로마제국이 아랍으로부터 크레테 섬을 탈환할 때나 941년 키에프 러시아상인들의 공격을 막아낼 때 그리스 불이 사용됐다고 전해지지만 그 근거는 약한 편이다. 콘스탄티노플은 삼중의 거대한 성벽과 금각만Golden Horn, 마르타라 해라는 자연방벽을 지니고 있었다. 하지만 그리스 불이 사라진 이후에는 외침에 고전을 면치 못한 채 결국 쇠락의 길로 접어들고 말았다.

기술개발 그 이상으로 중요한 것은 기술관리

지금도 그리스 불은 불가사의한 존재로 여겨진다. 아랍인들도 그와 비슷한 짝퉁무기를 만들었지만 성능은 오리지널에 크게 못 미쳤다. 해전 때나 도시에서의 공성전에서 그리스 불은 이를 처음 접하는 적군들에게 지속적으로 끔찍한 공포의 대상이 되었다. 이 때문에 그리스 불은 콘스탄티노플의 생존에 결정적인 역할을 했다고 전해진다.

그러나 그리스 불의 탁월한 성능만을 믿고 그것의 제조법을 숨기는 데만 급급했던 콘스탄티노플의 처사에는 진한 아쉬움이 남는다. 좋은 기술이 있으면 보안을 유지하는 것도 중요하지만 그것의 명맥이 이어지도록 끊임없이 부족한 부분을 보완하고 발전시키려는 노력이 필수적이기 때문이다.

우리나라에도 그리스 불만큼이나 뼈아픈 이야기가 있다. 바로 고려청자다.

고려청자는 맨 처음 중국의 영향을 받아 탄생하게 되었는데, 그 맑고 오묘한 푸른빛은 중국의 것을 능가할 경지에까지 오르게 된다. 나중에는 오히려 고려에 기술을 전해준 중국에서조차 고려청자를 천하제일의 청자라고 칭송하게 된다.

고려청자는 장인의 수많은 실험과 노력으로 점차 다양한 기법을 통해 완성도를 높여가기 시작했다. 그중에서도 고려의 독창적인 기술인 상감기법을 토대로 만들어진 상감청자는 기술적으로나 예술적으로 미美의 절정이라는 평가를 받는다.

하지만 몽골의 외침이 심해지면서 나라에 혼란이 가중되자 고려청자의 빛깔 역시 둔중해지기 시작한다. 이후 점차 고려청자는 쇠퇴의 길을 걷는다. 그러다 고려가 멸망하고 조선이 세워지면서 고려청자를 만드는 기술 역시 그 명맥이 끊어진다.

만들지 못하는 게 없을 것처럼 느껴지는 오늘날의 뛰어난 기술

로도 고려시대 상감청자의 그 청아한 푸른빛만큼은 완벽히 재현할
수 없다고 한다. 이제 박물관에서나 그 흔적을 느낄 수밖에 없으니
정말로 답답한 일이다.

앞서 지적한 것처럼 기술이라는 것은 끊임없이 약점을 보완하고
강점을 발전시키지 않으면 언젠가 숨통이 끊어지는 게 정해진 순
리다. 더 오래, 더 많은 이들에게 이로움과 행복을 줄 수 있었을 역
사상 최고의 기술들이 제 명을 다하지 못하고 스러져가는 것은 대
부분 이러한 이유에서다.

특히 국가나 기업의 명성, 나아가 명운을 좌우할 정도의 대형기
술이라면 이를 개인에게 일임하는 것이 아니라 조직적으로 유지,
발전시켜나갈 필요가 있다. 기술은 개발하는 것 이상으로 관리해
나가는 것이 중요하다는 사실을 역사는 시공을 초월해 우리에게
알려주고 있다.

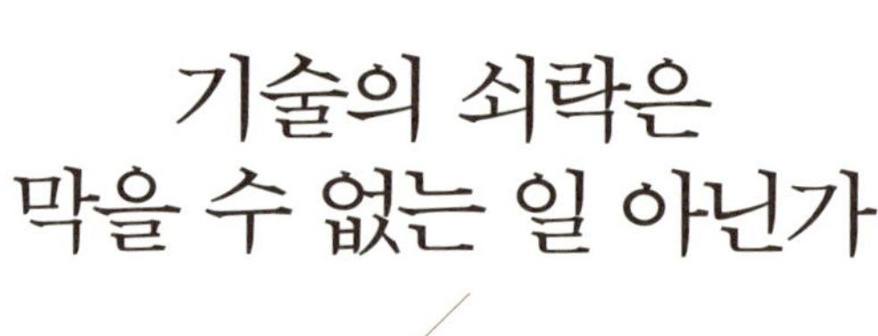

기술의 쇠락은
막을 수 없는 일 아닌가

과연 사람의 삶에 녹아들어가 있는가

기술은 사람을 위해 존재한다. 기술을 위한 기술은 단명할 수밖에 없다. 그런데 첨단기술을 보유한 사람이나 조직에서는 종종 기술을 쓰는 존재가 사람이라는 근본원칙을 잊어버리는 것 같다.

스미스 코로나Smith Corona라는 업체에 대해 들어본 적 있는가? 아마 지금은 대다수 사람들에게 그 이름마저 생소한 업체일 것이다. 이 회사는 1906년 세계최초로 휴대용 타자기를 개발했고 1957년에는 전자타자기를 선보였다. 1960년에는 전자사전 및 개인용 워드프로세서를 개발했으며 1989년에는 세계최초로 휴대용 워드프로

세서를 만들어내기까지 했다. 그 과정에서 무려 100년간 1등 타자기 회사 자리를 놓치지 않았다.

영원히 최강자 자리에서 내려오지 않을 것만 같았던 이 회사는, 그러나 이제 기억하는 사람조차 거의 없는 망한 기업이 되고야 말았다. 단지 이것이 사회의 급격한 변화가 불러온 참혹한 최후일 뿐인지 의심하지 않을 수 없다.

사회변화를 무시했다가 변을 당한 기업들

사회변화는 여러 징후들과 함께 나타나 서서히 혹은 재빨리 우리의 생활을 바꾸어놓는다. 기술변화가 사회변화의 속도를 따라가지 못하면 당연하겠지만 기술은 도태되게 마련이다.

스미스 코로나의 문제 역시 그러했다. 이들의 기술은 사회변화를 제대로 읽지 못했다. 아니, 더 정확히 말하면 오로지 '타자기'라는, 기계의 틀 안에서만 기술혁신을 추구한 것이 문제였다. 이들에게는 '인간의 삶'이라는, 보다 큰 틀은 안중에도 없었다.

세계 최대의 트렌드네트워크 사이트를 운영하는 제레미 구체 Jeremy Gutsche는 이 회사를 '서서히 끓는 물속의 개구리'에 비유했다. 뜨거운 물속에 들어간 개구리는 너무 놀라 곧 뛰쳐나오지만, 찬물에서 서서히 더운물로 변해가는 물속에 잠겨 있으면, 개구리는 온도의 상승을 눈치 채지 못하고 물에서 빠져나오지 못한다는 것이다. 이는 현재의 성공에 안주할 뿐 컴퓨터시대의 등장과 함께 서서히 일어난 변화를 외면하다가 결국 소비자의 삶에 녹아드는 선택을 하지 못한 스미스 코로나의 운명을 일깨워준다.

결국 스미스 코로나는 1995년 미국 델라웨어법원에 파산보호신청을 하면서 종말을 맞이했다.

어디 그뿐인가. 카메라 필름의 대명사인 코닥^{Kodak}도 마찬가지다. 세계적 기업 이스트만 코닥^{Eastman Kodak}은 거의 1세기 동안 경쟁자가 없을 정도로 성공가도를 달렸다. 1880년 설립된 뒤 업계 최초로 일반인이 사용하기 쉬운 필름과 이를 활용한 편리한 카메라(브라우니)를 개발했다. 이를 기반으로 20세기 카메라시장을 완전히 장악했다. 이들의 아날로그용 카메라 필름시장 점유율은 무려 80퍼센트 수준이었다.

코닥 최대의 실수는 세계최초로 디지털카메라를 만들어놓고도 이를 상용화하지 않은 것이었다. 1975년 세계최초로 디지털카메라를 개발했고 1981년에는 내부보고서를 통해 디지털카메라의 위협에 대해서도 정확히 분석했지만, 딱 거기까지였다. 코닥은 디지털카메라사업에 나서지 않았다. 필름사업을 잠식한다는 이유로 상용화를 미루는 악수를 둔 것이다.

하지만 생활패턴의 변화는 코닥의 예상을 비켜나 훨씬 빨리 찾아왔다. 디지털카메라의 등장 이후 코닥의 매출은 급감하기 시작했다. 뒤늦게 만회를 위해 약국체인점 등에서 디지털이미지를 인화할 수 있도록 장비사업을 벌이기도 했지만, 이미 입맛이 크게 변해버린 소비자들의 소비행태까지 되돌릴 수는 없었다. 코닥은 아날로그에서 디지털로 변해간 사람들의 삶과 한참 괴리되어 있었던 것이다.

결국 코닥의 주가는 1997년 기록한 최고치에 비해 2012년 현재 반 토막이 났다. 앞으로 얼마까지 더 떨어질지, 주식이 계속 거래될 수 있을지조차 미지수다.

첨탑 속 계단이
오른쪽으로 감긴 이유는

성공과 실패를 가름하는 데는 아주 작은 차이가 존재한다고 말한다. 사실 우리가 무심코 사용하는 물건도 잘 살펴보면 아주 작은 차이 하나로 오래 가는 것과 금세 사라지는 것이 결정되곤 한다. 기준은 누가 봐도 명백하다. 나에게 쓸모가 있느냐 없느냐, 그것이 문제인 것이다.

기술수준이 낮고 물건의 종류도 많지 않던 과거에도 이런 룰은 여지없이 적용되었다.

중세를 상징하는 성에 꼭 등장하는 것이 뾰족한 첨탑이다. 레고 장난감에서부터 만화 〈신데렐라*Cinderella*〉, 영화 〈드라큘라*Dracula*〉 등에서 배경으로 등장하는 이 중세 성채의 탑 내부에는 보통 나선형 계단이 있게 마련이다.

그런데 로마시대와 달리 규격이란 것을 당최 찾기 힘든 중세건축물에서도 나선형 계단만큼은 나름대로 규칙이 있었다고 하니, 놀랍지 않은가? 그 규칙은 계단이 감기는 방향이 보통 왼쪽에서 오른쪽이었다는 것이었다. 왜 그랬을까?

건축학자 귀 카도간 로더리*Guy Cadogan Rothery*에 따르면 중세첨탑의 계단이 이처럼 오른쪽으로 감기게 된 것은 싸울 때 방어자에게 유리하기 때문이라고 한다. 계단이 오른쪽으로 감겨 올라가면 오른손잡이인 방어자가 위쪽에 있을 때 오른손을 쓰기 수월하다는 설명이다. 반면 아래쪽에 있는 공격자는 오른손이 벽에 걸려 불리할 수밖에 없다.

여기에 나선형 계단의 발판 형태가 오늘날의 계단에서 볼 수 있는 직사각형이 아니라 한쪽은 폭이 좁고 반대편은 넓은 부채꼴형인 점도 방어자에게 유리하게 작용했다고 한다. 오른손잡이인 경우 발판의 면적을 충분히 확보하기 위해 발 디딤이 바깥쪽인 왼쪽으로 쏠리면서 오른쪽에 오른팔을 휘두르기에 유리한 공간이 확보되기 때문이라는 설명이다.

중세시대에는 유독 결투가 많았다. 따라서 이러한 계단설계는 철저히 사용자를 중심에 놓고 생각한 끝에 만들어진 패턴이었음을 알 수 있다. 계단을 만드는 기술 하나에도 직접 이용할 사람들을 생각한 섬세한 배려가 숨어 있는 것이다.

두말할 것도 없이 기술은 그것을 이용하는 사람들의 삶에 녹아들지 못하면 더 이상 생명력을 유지할 수 없게 된다. 삶과 괴리된 기술, 삶과 무관한 기술은 설사 존재한다 하더라도 아주 짧은 삶을 살 수밖에 없다. 이는 기술이 극단적인 수준으로까지 발전하더라도 마찬가지로 적용되는 보편적인 법칙이다.

그러나 이미 좋은 기술을 개발한 사람은 어느 순간 자신이 가진 것을 완전히 버리고 새로운 기술로 갈아타야 한다는 사실을 종종 잊는다. 과거의 영광에 얽매여 자신의 기술 그 자체를 맹신하는 기술중심적 사고는 결국 실패로 떨어지는 지름길이다. 기술을 위한 기술의 최후는 처참할 수밖에 없다.

4

리더십

리더십이란 무엇인가. 아마도 조직 공동의 목표를 위해 조직원들의 잠재력을 최대한 끌어내는 능력, 정도로 정의내릴 수 있을 것이다.

그렇다면 조직원들이 숨은 능력을 발현하게 만드는 방법으로는 어떤 것이 있을까. 시중에는 나름대로 성공한 리더들의 리더십 책들이 쏟아진다. 그들은 저마다 자신만의 비결을 내세운다. 간혹 서로 상충되는 말들도 보이지만 가만 살펴보면 어느 쪽도 틀린 이야기는 아니다. 그들은 모두 저마다의 성격과 시대적 상황을 살려 서로 다른 리더십을 발휘했을 뿐이다.

다만 확실한 것은 모두에게 발견되는 하나의 공통점이 있다는 사실이다. 나아가 역사적으로 눈부신 성공을 거둔 위대한 인물들을 살펴봐도 유독 눈에 띄는 공통점이 있다. 바로 '사람을 제대로 이해한다'는 점이다.

리더가 갖춰야 할 제1덕목은 무엇인가

솔선하는 리더, 조직도 일으킨다

리더 스스로가 특혜 받는 자가 되지 않았을 때 조직은 최고의 힘을 발휘했다. 그것은 고대 스파르타에서부터 중국 한나라, 현대 한국의 기업경영에까지 공통으로 적용되는 법칙이다.

2,000여 년 전 중국에서는 최고위층 자제들도 의무적으로 전방병역의무를 수행해야 했다. 보통 거대한 관료제국가로서 철저한 신분제사회로 통하는 중국에서는 특권층이 오늘날 병역의무로 통칭되는 일련의 의무로부터 자유로웠다고 알려져 있다. 하지만 중국도 처음부터 그런 것은 아니었다.

한나라시대에도 병역의무는 만인에게 평등했다

중국에서 진나라의 짧은 치세 뒤에 등장한 한나라는 중국 역사상 실질적으로 확실하게 전국적인 지배권을 수립한 첫 번째 왕조였다. 일본 동양사학계의 거장 미야자키 이치사다宮崎市定는 이 시기에 대해 "주권자도, 관료도 경험이 적었기 때문에 방대한 인민을 어떻게 지배하면 좋을지 어느 누구도 확실한 비전을 갖지 못했다"라고 평가한다.

또 한대에는 상하귀천이 확실히 구분되는 계급이 존재하긴 했지만, 그 이전에는 도시국가였기 때문에 평등사상 역시 적잖게 남아 있었다. 이에 따라 한대에는 비록 승상의 아들이라고 해도 매년 3일 동안 국경경비의 요역徭役(백성이 국가에 무상으로 노동력을 제공하는 제도) 의무를 면제받을 수 없었다고 한다.

국방의 의무를 다하는 기간이 3일이라는 점은 우리로선 너무 짧은 시간이라 느껴지기도 한다. 하지만 2,200여 년 전에는 소위 '아무리 빽이 세도' 전방 초소근무를 빠짐없이 해야 했다는 점이 인상적이지 않을 수 없다.

이치사다는 '인구 6,000만 명의 대제국인 한나라의 정치를 책임진 승상의 아들에게까지 요역을 부과해선 안 된다'는 생각이 일부 존재할 수 있지만 이는 전적으로 후세의 귀족주의적 · 관료주의적 발상에 불과하다고 지적한다. 그에 따르면 적어도 한나라 당대에는 병역의무에서 빠져도 된다는 특권의식이 자리 잡지 못했다고 한다. 한대 초기에는 후세와 같은 의미의 귀족주의적 관료주의도 아직 성립되지 않았고, 도시국가의 방위를 위해서는 상류계급이 솔선해 무기를 들고 앞장서야 한다는 평등사상이 아직 남아있었다는 설명이다.

물론 이 같은 관행은 소위 한나라의 통일에 의해 평화가 길어지면서 점차 사라져갔다. 진의 멸망 이후 점진적으로 일반농민과 도시거주민의 탈군사화가 진행되었던 것이다. 과거 춘추전국시대에는 각 도시국가와 소규모 국가들이 경쟁적으로 소위 국민개병제國民皆兵制(의무병역제도)에 가까운 병제를 실시했지만, 일단 통일이 된 다음에는 무장한 국민들이 정권에 위협이 된다고 판단한 점도 한몫했다.

실제로 왕망王莽이 전한을 멸망시키면서 이 같은 우려는 현실이 되기도 했다. 이에 따라 31년 의무병역제는 폐지되었고, 이 같은 상황은 1911년 청나라가 멸망할 때까지 지속된다.

결국 후한시대가 되면 누구도 요역의 의무를 수행하려 하지 않았으며, 금전을 내는 것으로 요역을 면할 수 있게 되었다. 마크 에드워드 루이스Mark Edward Lewis 미 스탠퍼드대 교수는 이 같은 사회변화에 대해 "중국 내부의 탈군사화 결과로 중국의 방위는 이민족 출신 전문전사들에게 맡겨지게 됐다"라고 주장하며, "이는 이후 중국사에서 내부의 무장반란세력이 나타나는 장면보다 외부이민족의 지배를 받는 장면이 더 많이 등장하는 계기가 되기도 한다"라고 평가한다.

한마디로 관리가 되는 것도 빈부貧富나 아버지의 경력, 학문에 의해 결정되는 시대가 도래하면서, 누구나 하기 싫어하던 병역의 의무 역시 이방인이 담당하거나 힘없고 기댈 곳 없는 자들에게 떠맡겨지게 되었다는 것이다.

맹목적 희생은 거부하되, 진정으로 용맹했던 전사

한나라보다 조금 앞선 시기에 고대 그리스에서도 병역의 의무를 놓고 눈길을 사로잡는 기록을 남긴 사람이 있다. 기원전 7세기경의 인물로 서정시의 창시자로 알려진 시인 아르킬로코스Archilochos가 그 주인공이다.

고대 스파르타는 널리 알려진 대로 군사국가였다. 스파르타의 어머니들은 전장으로 떠나는 자식들에게 방패를 건네며 "방패를 들고, 아니면 방패에 실려"라고 준엄하게 외쳤다고 한다. 이 짧디짧은 스파르타식 문장은 '전쟁에 승리해 방패를 들고 오든지, 아니면 장렬히 전사한 뒤 방패에 실려 돌아오라'는 무시무시한 뜻을 담고 있었다.

이처럼 고대 그리스세계에서는 싸우다 방패와 함께 쓰러져 죽느냐, 아니면 방패를 버리고라도 목숨을 부지할 것이냐, 하는 선택지 가운데 골라야 할 모범답안이 비교적 명확했다. 그들은 죽음을 택해야 마땅했고, 실제로 상당수는 그 같은 선택을 한 것으로 알려져 있다.

하지만 이 같은 그리스세계의 상식을 아르킬로코스는 노골적으로 조롱했다. 그는 "사람의 목숨은 일단 이빨의 울타리 밖으로 나가면 약탈할 수도, 구할 수도 없어 다시는 돌아오지 않는 법"이라고 떠들고 다니곤 했다.

"누구라도 죽은 뒤에는 존경을 받지도, 명성을 얻지도 못한다. 차라리 살아있는 동안 삶의 은총을 좇으리라. 가장 나쁜 것은 언제나 죽은 사람의 몫일진저"라는 시도 남겼다. 무엇보다 아르킬로코스는 "방패를 들고, 아니면 방패에 실려"라는 말을 정면으로 비꼬는 시를 쓴 것으로 유명하다.

방패 때문에 사이아의 누군가는 우쭐하겠지, 덤불 옆에 나는
원하진 않았지만 흠잡을 데 없는 나의 무장을 버렸네.
그러나 내 몸을 구했네. 왜 내가 그 방패를 염려하랴?
가져가라지. 그에 못지않은 것을 나는 다시 가지리라.

그는 과장된 명예보다 목숨에 더 많은 가치를 부여하고, 현실적인 결정을 한 뒤 그에 따라 행동하며, 동시에 도전적인 자세로 세상을 향해 떳떳하게 자신의 행동을 밝혔다는 게 저명한 고전학자 헤르만 프랭켈Hermann Ferdinand Frankel의 평이다. 아르킬로코스는 다시 구입할 수 있는 물건을 버리는 대신, 무엇으로도 되찾을 수 없는 하나뿐인 목숨을 구하라면서 명분 위주의 군사 전통을 정면에서 조롱했다.

그러면 그가 과연 실제 삶에서도 겁쟁이였을까.

파로스섬에서 사생아로 태어난 것으로 알려진 아르킬로코스는 아이러니하게도 용맹한 용병으로서 산전수전 다 겪은 인물이었다. "용병은 그가 싸우는 동안만 친구일 뿐"이라는 전장의 경험이 듬뿍 담긴 표현까지 남긴 그였다.

그는 자신에게 무의미해 보이는 순교적 희생을 거부했을 뿐, 직업적 전사로서는 그 누구에게도 뒤처지지 않았다. 그는 결코 겁쟁이가 아니었고, 서사시 속 위대한 전사인 아킬레우스Achilleus처럼 전사로서 생을 마감했다.

아르킬로코스의 속뜻은 그가 남긴 또 다른 시에서 보다 잘 드러난다. 이 시를 보면 그가 꿈꾼 리더상이 어떠했는지 명확하게 드러난다.

나는 키가 크고 두 다리를 넓게 벌리고 서 있는, 머리카락을 뽐내며 면도한 장군을 좋아하지 않는다. 키가 작더라도, 다리가 보기에 굽었더라도 차라리 두 발로 굳건히 서 있는, 용기로 가득 찬 사내이기를.

내가 하기 싫은 일은 남에게도 시키지 말라

솔선수범하는 리더들은 조직원들에게 사명감을 불러일으키며 그들의 잠재력을 일깨운다. 평생을 전장에서 보냈던 알렉산더대왕 역시 늘 전투의 선두에 서 있었다.

실제로 알렉산더는 그라니쿠스전투에서 도끼에 찍혀 죽을 뻔한 아찔한 경험을 하기도 했다. 인더스계곡 말리전투에서는 창에 폐를 찔리는 부상을 입어 죽음의 문턱까지 갔다. 알렉산더가 유일하게 최전방에 서지 않은 전투는 지루한 공성전이 치러진 기원전 327년의 소그드 요새 공방전뿐이었다. 폴 카트리지Paul Cartledge 케임브리지대학 교수는 "알렉산더대왕은 아마 당시의 일반병사들이 당하는 평균 부상횟수보다 훨씬 더 많은 부상을 입었을 것이다"라고 평가했다.

그가 이처럼 선봉에서 위험을 감수한 이유는 간단했다. 머나먼 이역 땅에서 병사들의 사기를 북돋고 유지하는 데 그만한 방법이 없다고 여겼기 때문이다. 그는 병사들의 고통을 누구보다 잘 이해하는 사람이었다.

기원전 331년 알렉산더의 운명을 결정지었던 가우가멜라 전투에서도 밑바닥 심리를 잘 이해한 알렉산더의 리더십은 누구보다 빛을 발했다. 알렉산더에 맞서 싸운 페르시아의 다리우스Darius는 결전 전날 밤 병사들을 밤새 무장시킨 채 대오를 맞춰 세워두는 심각한 우를 범했다. 한낮의 뙤약볕과 모래바람에 지친 다리우스의 병사들은 저녁에 제대로 쉬지 못한 나머지, 결전의 순간에 힘을 쓰지 못했다. 반면 알렉산더는 다른 지시 없이 병사들을 밤새 푹 재웠다. 전투의 결과가 어떠했을지는 굳이 말하지 않아도 짐작할 수 있을 것이다.

'내가 하기 싫은 일은 남도 하기 싫다'는 평범한 진리를 뼛속에 새기고 있는 리더야말로 조직원들의 마음을 가장 잘 헤아릴 수 있는 사람이다. 솔선수범이란 이렇듯 '사람에 대한 이해'가 바탕에 깔린 사람만이 해낼 수 있는 행동이다.

솔선수범 정신은
타인에 대한 이해에서

솔선수범의 힘은 현대의 기업에서도 잘 발견된다. 투자의 대가

워런 버핏Warren Buffett이 투자한 한국 유일의 중소기업으로 알려진 이스라엘 IMC그룹의 자회사 대구텍이 그렇다.

모셰 샤론Moshe Sharon 대구텍 사장은 "기업경영의 기본이 되는 씨앗은 군대에서 뿌려졌다"면서, "리더십이나 조직운영, 목표설정 등 회사를 경영하면서 필요한 모든 가치를 병영에서 익혔다"라고 강조한다. 특히 2007년 이후 두 자릿수 매출신장률을 기록할 정도로 순항하는 비결로 그는 군에서 배운 '본보기' 정신을 손꼽는다. 그는 "본보기는 이스라엘군 리더십의 기본 덕목"이라며 "이는 내가 먼저 어려움과 위험을 무릅쓰고 행동에 나서서, 부하도 나를 믿고 따르게 만드는 것"이라고 말했다.

그는 연이은 출장이나 빠른 업무처리, 조직에 대한 충성 등을 직원들에게 강요하지 않는다. 다만 본인부터 묵묵히 실천할 뿐이라고 말한다.

타인에게 이상적인 과제와 덕목을 심하게 강요하는 사람치고, 자신이 그 같은 과제와 덕목을 제대로 실천하며 살아온 사람은 그리 많지 않은 듯하다. 실제로 어떤 일을 해봤고, 그 일이 얼마나 어려운지 잘 아는 사람은 별다른 생각 없이 타인이나 부하직원, 친구 혹은 가족에게 부탁이나 지시의 말을 툭툭 던지지 않는 법이다. 최전방이나 특수부대에서 복무한 사람일수록 군대 이야기가 나올 때 과장하지 않고 담백하게 말한다는 점을 생각해보면 쉽게 이해될 것이다.

타인의 입장에서 그들의 애환을 헤아리고, 말이 아니라 행동으로 앞장서는 사람의 리더십이야말로 팔로워의 능력을 제로에서 최대치로 끌어올릴 수 있다는 것. 이 평범하지만 실천하기 어려운 진리는 3,000년 전 전장에서나 오늘날의 세상에서나 불변하는 것임이 틀림없다.

어떤 리더가
무능한 리더인가

리더가 되려면 효율성부터 익혀라

무능한 리더는 부하들을 언제나 일하도록 강박한다. 리더 자신이 업무의 본질을 전혀 파악하지 못한 채 무엇을 시켜야 할지 몰라 무작정 부하들을 잡아두는 것이다.

조선시대의 대표적인 폭군으로 알려진 연산군. 그 역시 이런 점에서 무능한 리더였다. 심지어 그는 아랫사람들에 의해 쫓겨나기까지 했다. 그가 저지른 다양한 폭정들에 대해서는 널리 알려진 편인데, 그중 특별히 직장인들에게 커다란 원성을 불러일으킬만한 짓이 하나 있었다. 바로 지나친 야근 강요였다.

신하들을 있는 대로 굴리면서
충성심만 요구했던 연산군

연산군은 신하들에게 '허한패許閑牌' 제도를 도입했다. 허한패란 말 그대로 '한가롭게 쉬는 것을 허락한다'라는 문구가 적힌 패를 의미했다. 국왕의 소집이나 업무로 궁궐에 들어온 신하들에게 그 패를 내려줘야만 퇴궐할 수 있도록 한 것이다. 요즘으로 치면 사장의 공식적인 허락이 있어야만 강제 야근을 마치고 귀가할 수 있는 제도일 것이다. 실제로 《조선왕조실록》 연산군 11년 11월 24일자 글에서는 "25일부터 조참朝參을 하고 의정부·육조 참판 이상·한성부 당상·대간들은 파한 후에 곧 돌아가지 말고 허한패가 나오기를 기다려서 물러가라"라고 하는 연산군의 살벌한 전교가 등장한다.

연산군의 이 같은 야근 강행조치로 국왕이 금표(연산군이 사냥 등의 유흥을 위해 도성 외곽 경기도 일원에 만든 민간인 통제구역)에 행차해 늦게 환궁하는 날이면 재상들은 한밤중이 되어도 귀가하지 못하고 대기해야 했다. 할 일이 없는데도 직장에서 상사 눈치만 보며 마냥 시간을 때워야 하는 우리들 처지와 비슷했던 것이다. 이렇듯 연산군의 모든 신하들은 쓸데없는 일에도 무조건 대기하면서 시간낭비를 해야만 했다.

신하들은 이런 억압에 시달리면서도, 도리어 왕에게 더욱 신실한 충성을 다할 것을 강요받았다. 모든 신하들이 임금 섬기는 도리를 판자에 새겨 벽에 걸어놓고 보아야 했고, 관원들은 사모 앞뒤에 각각 '충忠'과 '성誠'이라는 글자를 새겨야만 했다.

이 같은 상황이 지속되면서 신하들의 지위는 자연럽게 떨어졌다. 연산군은 모욕에 가까운 천대로 신하들을 대했다. 국왕이 거동하고 환궁할 때 의정부 육조 승지 삼사 등 모든 신하들이 와서 문안하게 했다. 왕을 문안할 때는 비가 와서 땅이 진흙탕이 되더라도 자리를 깔 수 없었다.

대신과 유생들은 각각 도로와 담장 건축을 감독하는 데 동원되었고, 대간과 승지는 왕의 사냥진행상황을 규찰하는 데 투입되었다. 동반과 서반, 품반을 사냥몰이꾼으로 동원하거나 문관과 유생에게 왕의 가마를 메도록 하기도 했다. 그러나 이들은, 고생은 고생대로 하면서 제대로 된 대접은커녕 모욕만 잔뜩 받는 생활이 계속되었다.

연산군과 관련하여 꼼꼼한 연구서를 내놓은 국사편찬위원회의 김범 박사는 '연산군의 이 같은 조처들이 양반 신료들에게는 매우 모욕적인 것이었지만, 연산군은 신하들을 길들이거나 이미 길들여진 신하들의 모습을 확인하는 방편으로 이를 사용했다'라고 분석한다. 즉 자신의 권위를 확인하기 위해 일부러 그런 조치들을 취했다는 것이다.

연산군이 살던 시대와 우리가 살아가는 시대는 전혀 다르기 때문에, 연산군이 그렇게 했던 데는 그만한 다른 이유가 있었을지 모른다. 하지만 확실한 것은 그렇듯 비효율적인 조직운영으로 인해, 연산군은 왕으로서의 권위를 세우고 신하들을 제압하기는커녕 오히려 인심을 크게 잃어버리고 말았다는 사실이다.

인심을 잃어버린 리더에게는 힘이 없다. 단기간은 혹시 몰라도 장기간을 생각하면 이러한 진리는 100퍼센트 적용된다.

효율성을 챙기는 리더는 부하의 마음까지 챙긴다

불행히도 연산군 못지않게 리더십을 갖지 못한 리더들이 현대에도 많이 존재한다.

이들은 우선 업무지시가 명확하지 않다. 심지어 자신이 어떤 지시를 했는지조차 기억하지 못하거나, 조직 공동의 성과를 마치 자신이 혼자서 낸 양 윗선에 보고하는 만행을 저지르기도 한다. 칭찬에는 인색하면서 꾸지람은 넘쳐서, 자신의 권위에 조금이라도 도전하는 것처럼 느껴지는 부하에게는 앞뒤 가리지 않고 그야말로 불호령이 떨어진다.

업무지시가 명확하지 않은 까닭은 간단하다. 본인부터가 머릿속에 사안이 선명하게 정리되어 있지 않기 때문이다. 스스로 일의 흐름이나 맥을 제대로 짚지 못하니 애매모호하게 업무지시를 내리는 것이다.

이런 유형의 리더들의 주특기가 또 하나 있다. 바로 "내가 지시한 대로 일을 하는 직원들이 없다"라고 자주 불평하는 것이다.

효율적인 업무지시를 위해서는 일의 맥락context을 잘 전달하는 한편 구체적이고 측정 가능하며 현실적인 목표를 제시해야 한다. 예를 들어 병원 공사현장에서 일하는 벽돌공에게 일을 시킬 때, '오늘 저녁까지 담장 벽돌을 쌓으라'라고 하는 대신, '당신이 쌓을 벽돌은 내년에 들어설 노인병동의 담장이 된다. 오늘 500장을 튼튼히 쌓아야 당신 부모님도 언젠가는 이 안에서 편안히 치료를 받을 수 있다'라고 하는 식으로 선명하게 지시하라는 것이다.

무능한 리더는 지시를 구체적으로 내려 일을 신속하고 깔끔하게 처리하지 않는 것은 물론, 그저 부하직원을 일터에 붙잡아두는 것으로 자신의 권위를 확인한다. 그러고는 일을 충분히 했다는 착각에 빠지곤 한다. 일할 때 일하게 하고 쉴 때 쉬게 하는 운용의 묘를 모른 채 그 반대의 악수를 두는 것이다. 이런 리더들은 동료나 부하들로부터 공공의 적이 되어 배척당하기 십상이다.

얼마 전 온라인상에서는 지나칠 정도의 야근문화를 둘러싸고 '현대판 노예논쟁'이 벌어지기도 했다. 또 신입사원들을 대상으로 한 각종 설문조사에서 직장 내 부조리한 일이 무엇인지 묻는 질문에 빠지지 않고 올라오는 답변이 바로 '일 없는데도 상사 눈치 보느라 야근해야 하는 문화'이기도 하다. 쓸데없는 야근이야말로 직장 내에서 척결해야 할 나쁜 문화 일순위인 것이다.

이쯤 되면 연산군이 대체 왜 실패한 왕이 되었을지 삼척동자라도 짐작할 수 있을 것이다. 그에 대한 평가는 분분하지만, 그중에서도 사람의 마음을 얻지 못한 이유가 가장 크지 않았을까 한다. 거기에는 권위적으로 부하들을 제압하기 위해 효율성을 무시하고 무조건 야근을 강요했던 그의 못된 습성 역시 한몫 단단히 했을 것이다. 효율성을 챙기는 리더는 마지막에 부하의 마음까지도 함께 챙길 수 있음을, 그는 죽는 날까지 몰랐던 것 같다.

코드인사, 약일까 독일까

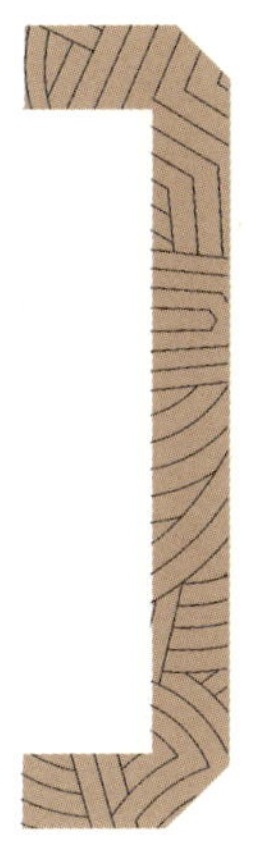

결과가 모든 것을 말해준다

'인사가 만사'라는 말은 유능한 사람을 적재적소에 배치하란 뜻을 품고 있다. 여기에는 인사에 '사'가 끼면 안 된다는 뜻도 함께 포함되어 있다. 또 하나 명심할 것이 있다. 조직이 커가거나 어떤 성과를 거두었을 때 자리를 전리품으로 삼지 말아야 한다는 원칙이 그것이다.

1999년 '꿈의 결합'이라는 찬사를 들으며 출범했던 다임러벤츠 Daimler-Benz AG와 크라이슬러Chrysler Corporation 간의 합병실험이 결국 2년여 만에 참담한 실패로 끝난 것도 원칙에서 벗어났기 때문이었다.

벤츠의 첨단기술력과 크라이슬러의 대량생산이 시너지효과를 볼 것이란 모두의 기대는 물거품이 됐다. 두 회사는 서로에게 깊은 상처만 남겼다.

독일 명차와 규모의 경제를 갖춘 미국 대표 브랜드 간의 환상적인 합방이 실패로 끝난 이유는 무엇일까?

전문가들은 크라이슬러를 삼킨 다임러벤츠 측 경영진이 회사 내의 주요자리를 독식하려고 욕심을 부렸다는 사실을 꼽는 데 주저하지 않는다. 당시 외신들은 '독일기업의 경직성이 미국의 기업가정신을 죽였다'라고 표현했지만, 이는 합병법인의 임원진을 다임러가 독식했다는 사실을 돌려 말한 것에 지나지 않았다.

당시 독일인 경영진이 제일 처음 한 일은 남아있는 크라이슬러 출신들을 도려내는 구조조정계획을 마련하는 것이었다. 다임러크라이슬러 임원은 모두 31명이었는데 이 가운데 20명이 합병 후 자리에서 물러났다. 스스로 그만둔 임원도 있지만 강제로 퇴출된 사람도 5명이나 되었다. 떠난 이의 대부분은 크라이슬러에서 일해온 미국인이었다.

그들의 자리를 메운 것은 '점령군'인 독일인 경영자들이었다. 합병사의 임원 자리를 사냥성공의 보상쯤으로 여겼던 다임러벤츠는 그들만의 전리품을 분배하느라 정신을 차리지 못했다. 그러면서 고급차시장과 다른 법칙으로 움직이는 중저가자동차시장을 파악하지 못한 채 적절한 경영전략을 내놓지 못했고, 거대 합병법인은 결국 글로벌시장에서 힘을 쓰지 못했다. 너무 늦지 않게 두 회사가 결별해 각자의 길을 가기로 한 것이 그나마 현명한 선택이었다면 선택이다.

엽관제의 천국 미국은
언제부터 나눠먹기를 시작했을까

선거를 통해서든 인수합병을 통해서든 기업이나 국가의 지배권을 장악한 세력은 대체로 주요직책을 일종의 전리품으로 보는 경향이 강하다. 이렇게 되면 조직 전체의 생존이 문제가 아니라 자리를 두고 이전투구泥田鬪狗가 빚어져 결과적으로 조직경쟁력이 약화되는 경우가 대부분이다.

민주주의의 표본이라 불리며 견제와 균형의 정치시스템을 갖춰온 미국도 이런 측면에서는 큰 소리를 치지 못하는 형국이다. 바로 미국이 엽관제獵官制의 천국이기 때문이다.

흔히 엽관제로 번역되는 'spoils system'이란 단어는 19세기 초 미국의 대통령이던 앤드류 잭슨Andrew Jackson 시기에 정착됐

■ 앤드류 잭슨 ⓒ Wikimedia Commons

다. 민주당 소속으로 뉴욕주 상원의원이던 윌리엄 마시^{William Marcy}가 1832년 "전리품은 승자에 귀속된다^{To the victor belongs the spoils.}"라고 말한 데서 비롯되었다고 한다. 마치 전쟁에서 승리한 진영이 전리품을 노략질하듯, 선거에 승리한 측에서 국가의 공직을 전리품처럼 나눠 갖는 것을 일컫은 표현이다.

엽관제라는 용어를 정착시킨 앤드류 잭슨 대통령은 당대만 해도 어려운 환경을 극복한 자수성가형 성공신화의 상징처럼 여겨졌다. '폭도왕^{King Mob}'이라는 별칭으로도 불렸던 잭슨 대통령은 미국 역사학자들의 표현을 빌리자면 '싸움꾼에 전문 말 거래꾼^{horse trader}이면서 동시에 땅 투기꾼이었고 서부 개척지의 변호사' 였다. 한마디로 그는 서부개척의 새로운 상징 같은 인물이었다.

당대인들은 그를 '가장 시끄럽고 주변사람에 대해 꾸지람을 많이 하며 싸움닭이면서 경마와 카드게임을 즐기는, 남에게 해를 종종 끼치는 말썽꾸러기 같은 인물' 로 묘사하곤 했다. 잭슨은 아버지를 일찍 잃은 뒤 가정부로 살림을 꾸려나간 홀어머니 밑에서 자랐다. 당대의 각종 기록에서 잭슨은 '자기중심적으로 완고하면서도 투지가 있고, 성미가 급하며, 남을 쉽게 미워하는' 사람으로 묘사되었다.

1829년 대통령 취임 당시, 잭슨은 "정치악한들을 몰아내고 국민의 통치를 확립하겠다"라고 하며 개혁을 표방해 적잖은 지지를 받았다. 이 같은 주장은 잭슨이 주장한 공직 로테이션제의 변론 이데올로기로 계속 사용된 것이기도 했다.

'공직에 한 사람이 너무 오래 있으면 부패할 수밖에 없다'라고 하면서 공직 로테이션제를 주장한 잭슨의 이야기는 일견 타당해 보였다. '새로 선출된 정부에 의해 주요공직을 새로운 사람들로 채워야 한다'는 그의 견해 역시 당시에는 신선해 보였다. 하지만 잭슨 이후 미국사회에 정착된 로테이션제도는 그 달콤한 주장처럼 꼭 긍정적인 것만은 아니었다.

새로운 부패시스템을 정착시킨 대통령, 앤드류 잭슨

일부 역사가들은 잭슨 대통령이 후임들에 비해 유독 엽관제를 심하게 적용했던 것은 아니라고 말한다. 틀린 말은 아니다. 하지만 잭슨이 엽관제라는 새로운 부패시스템을 정착시켰다는 오명을 피하기란 어려워 보인다.

잭슨의 대통령 임기 첫해에만 이미 전체공직의 9퍼센트 가량이 잭슨 편에 섰던 '냄새 나는' 패거리들로 채워졌다. 잭슨의 임기 전체를 보면 공직의 20퍼센트 가까이가 잭슨의 인물로 분류되는 이들에게 돌아가면서, 공직이 정치꾼들을 위한 전리품으로 전락해버렸다. 심지어 당시 미 연방정부의 대표적 행정조직인 우체국 지국

중 423개소에서 단번에 우체국장이 교체되는 진풍경이 연출되기까지 했다. 이후 이 같은 폐단은 미 정치사에서 20세기 초까지 성행했고, 지금도 그 흔적은 여지없이 남아있는 상태다.

권력의 떡고물을 바랐던 잭슨의 지지자들은 주변 눈치를 보기는커녕 노골적으로 공직 사냥에 나섰다. 이에 대해 일부에서는 '공직의 민주화'라고 말하며 변명하기도 했지만, 역사는 이들이 처음부터 대가를 바라고 잭슨을 지지했던 것이라고 평가한다.

이런 상황에 더욱 기름을 부은 것은 잭슨 행정부의 소통 부재였다. 잭슨은 공식적인 내각에 거의 의존하는 바가 없었다. 그는 '주방 내각kitchen cabinet'이라는 비아냥거림을 들으면서까지 소수의 인사들하고만 의견을 공유하며 독단적으로 국정을 운영했다.

당시 잭슨정권의 실세는 국무장관이던 마틴 반 뷰렌Martin Van Buren과 캔터키주 출신 아모스 캔달Amos Kendall, 더프 그린Duff Green 〈유나이티드스테이트텔레그래프United State Telegraph〉 에디터 등 소수에 불과했다. 이들 끼리끼리 소수만의 의견으로 국정이 운영되면서 점차 민심과 동떨어진 정책과 판단들이 이어졌다.

설상가상으로 잭슨 행정부의 내각은 출범 초기부터 뉴욕의 뷰렌파와 사우스캐롤라이나 출신의 부통령이던 존 캘혼John C. Calhoun을 지지하는 캘혼파로 나뉘어져 지속적으로 마찰음을 내며 통일된 목소리를 내지 못했다.

리더십을 강화하는 것처럼 보이지만
실은 리더십을 위협하는 행위들

한국의 정치권, 법조계, 기업에서도 특정 정파가 주요 포스트를 독식하는 데 따른 문제점에 대한 우려가 계속해서 제기되고 있다. 정권이 교체될 때마다 정부 주요직책 뿐 아니라 주요 공공기관과 공기업은 물론 민간은행과 기업에서도 수만 개의 자리가 왔다갔다 한다. 우리는 전국의 수많은 공기업에 능력과 무관한 낙하산인사들이 떨어져 F학점 성적표를 내는 것을 어렵지 않게 봐왔다. 그뿐 아니라 낙하산인사들 간에 상호 물갈이를 하는 2차 낙하산 투하 움직임까지 여기저기서 감지된다.

이에 대해 코드인사 운운하며 비판의 목소리가 거세지만, 일각에서는 '정권이 교체되면 당연히 같은 뜻을 가진 인사들이 요직에 배치되어 일관된 모토로 조직을 운영해야 한다' 라고 하는 반대의 목소리가 들리기도 한다. 틀린 이야기는 아니다. 서로 다른 생각을 가진 사람들을 균형 있게 배치해야 한다는, 매우 정직하고 아름다운 원칙을 갖고 자리를 나누다 보면, 정작 중점적으로 추진해야 할 과제에 반대의 목소리가 드높아져 실행력이 떨어지는 경우를 우리는 여러 번 보아왔다.

문제는 마인드의 차이다. 정부에서든 기업에서든 일단 새로운 인물이 권력을 잡게 되면 자기 아래의 요직을 일종의 전리품으로 여기는 경우가 너무 많다. '이 사람은 내가 권력을 잡는 데 많은 도움을 줬는데', '이 사람은 내 측근이니까' 같은 생각을 가지고 자리를 나눠주는 것은 그야말로 시혜성이라고밖에 해석할 도리가 없다.

결국은 결과가 모든 것을 말해준다. 비슷한 생각을 가진 사람들을 자기 사람으로 배치한 후 큰 갈등이나 부작용 없이 좋은 성과를 거둔다면, 누가 그러한 인사를 욕하겠는가. 하지만 슬프게도 실제 현실을 들여다보면, 측근들을 요직에 집어넣은 후 좋은 결과를 내는 리더들이 거의 없다. 꼭 무슨 비리를 저지르거나 문제를 일으켜 구설수에 오르내리면서 리더의 커리어와 정책추진에 커다란 흠집을 내는 일이 잦다. 그렇다면 이런 인사는 십중팔구 시혜성이라는 논란을 피할 수가 없다. 특정자리의 전문성을 무시한 채 내 사람들만을 위하다가 벌어진, 어리석은 촌극으로 판명 나는 셈이다.

지금 당장은 내 사람들을 요직에 앉히는 것이 내 리더십을 강화하는 것처럼 보인다. 하지만 1년 후, 2년 후에도 그런 생각이 들까? 그러한 행동이 궁극적으로는 나의 리더십을 심각하게 위협한다는 사실을, 역사는 물론 현재의 수많은 사건들도 여지없이 증명하고 있다.

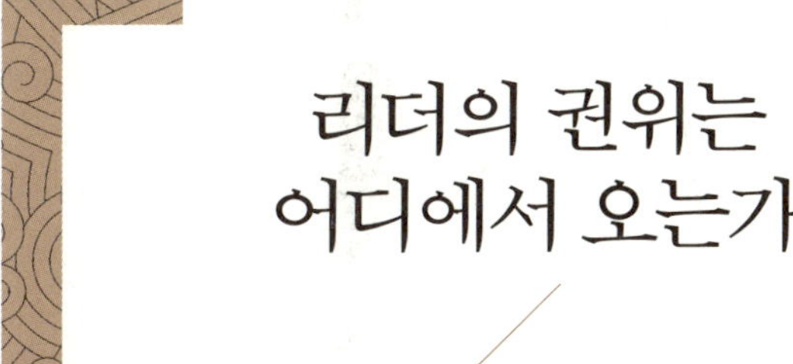

리더의 권위는
어디에서 오는가

권위가 과연 필요한지부터 생각하라

불안한 수장일수록 헛된 권위에 집착한다. 그들은 자신에 대한 조그만 비판조차 인신공격 및 조직기강을 무너뜨리는 행위로 보고 과도하게 반응한다. 그러나 이제, 권위적인 리더가 가장 빠른 속도로 몰락하는 환경이 조성되고 있다. 문제는 빠르게 변화하는 환경에 리더들이 잘 적응하지 못한 채 헛된 권위에 여전히 집착한다는 것이다.

중국사를 살펴보면 2,000여 년이 넘도록 중원의 지배자들이 탐해온 일종의 징표가 있었다. 바로 황제의 권위를 상징하는 옥새다.

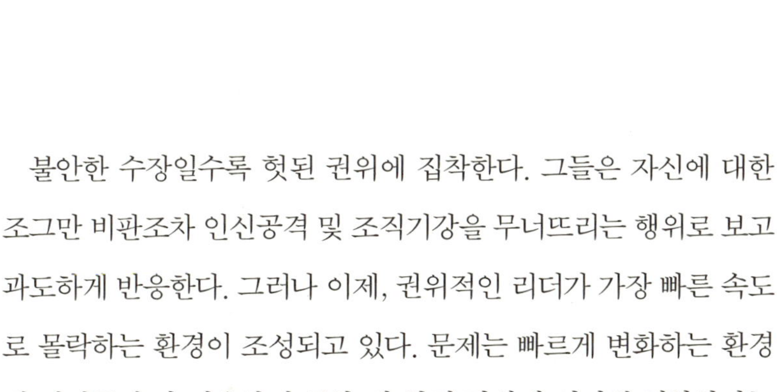

전국옥새를 처음 만들라고 지시
한 시황제 ⓒ Wikimedia
Commons

1368년 원나라의 마지막 황제 토곤 테무르順帝 (순제)는 주원장의 북벌군이 대도(북경)로 진격하자 미련 없이 북경을 떠나 막북漠北(고비사막 북쪽)으로 몽고의 대군을 거느리고 철수했다. 몽고는 이제 중원을 지배할 천명을 상실한 것으로 여겨졌다. 하지만 여전히 토곤 테무르의 수중에는 진시황이 만들었다고 전해지는 전국옥새傳國玉璽가 쥐어져 있었다.

2,000년간 권력자들을 울리고 웃긴 헛된 권위의 상징

전통시대 중국에서 이 전국옥새는 권력과 동의어로 사용되었다. 천명을 받은 중원의 지배자라면 당연히 이 신성한 도장을 소유하고 보호하는 존재여야 했던 것이다. 오죽했으면 몽고족을 중국에서 몰아낸 주원장은 "천하가 일가가 됐지만 미결된 일 세 가지가 마음에 걸린다. 그중 전국새를 얻지 못한 것이 토곤 테무르를 잡지 못한 것보다 더 안타깝다"라고 말하기까지 했다고 전해진다.

이 전설 속의 도장인 전국옥새는 춘추전국시대의 귀한 보물인 '화씨지벽和氏之璧'으로 불리는 명옥名玉으로 제작되었으며, 시황제는 재상인 이사^{李斯}에게 '수명어천 기수영창^{受命於天,旣壽永昌}(하늘로부터 천명을 받아 장수를 누리고 영원히 번창하리라)'이라는 문구를 전서^{篆書}로 새겨 넣으라 명했다고 전해진다. 이후 이 옥새를 시황제의 손자가 한고조 유방에게 바친 뒤 한나라 황제에게 대대로 전해지게 된다.

옥새는 전한을 멸망시키고 신나라를 세운 왕망의 손에 잠시 넘어갔다가 후한 광무제가 다시 찾게 된다. 옥새는 후한 말년 혼란기에 유실됐다가 소설 《삼국지》에 묘사된 것처럼 손견과 원술을 거쳐 조조의 손에 들어간 것으로 전해진다.

여러 왕조가 명멸하는 가운데 옥새는 중원의 지배자들 손을 유유히 거쳐갔다. 위진남북조와 수, 당, 후량, 후당에까지 전해졌는데, 그러다 후당의 마지막 황제가 분신할 때 사라진 것으로 전해진다(대부분의 사람들은 이 시기에 오리지널 전국옥새는 사라지고 이후 나타난 것은 위조품이라 생각한다).

이후 역대왕조를 통해 전국옥새는 다시 나타난 것으로 전해지는데. 위조 여부는 알 수 없지만 송대 지배자들 역시 전국옥새를 하늘의 뜻에 따라 손에 넣었다고 주장했다. 남송을 멸망시킨 몽고족의 원나라도 송나라로부터 옥새를 물려받아 고이 간직하고 있었다.

진품 여부는 의심스럽지만 소위 전국옥새를 가지고 막북으로 달아난 토곤 테무르가 죽은 뒤, 이 도장은 토곤 테무르의 후건인이던 올제이 테무르^{本雅失里, Oljei Temur}에게 넘어갔다. 올제이 테무르는 동몽고족인 오이라트의 군대에 합류하게 된다. 하지만 올제이 테무르가 오이라트 조장 마흐무드^{Mahmud}에게 1416년 암살당하고 이 전국새는 마흐무드의 수중에 떨어진다. 마흐무드는 곧 명나라 영락제에게 이 전국옥새를 돌려주는 방안을 협상하지만, 이미 전국새를 포기하고 다양한 용도로 세분화된 17개의 옥새를 새로 마련했던 명나라는 더 이상 전국새에 목을 매달 이유가 없었다.

이에 따라 이 신성한 도장은 대를 이어 몽골 칸들의 손을 거쳐 갔고, 후금이 몽고족을 지배하에 둔 뒤인 1635년에는 결국 홍타이지^{淸太宗, Hong Taiji}에게 이 도장이 전해진다. 대원전국^{大元傳國} 옥새라는 새 이름으로 불리던 이 도장을 손에 넣자마자 홍타이지는 국호를 대청^{大淸}으로 고친다. 명나라가 황궁으로 사용하던 자금성에서 홍타이지의 아홉 번째 아들 순치제^{順治帝}가 6세의 나이에 천자에 등극했는데, 이때 순치제 옆에 있던 이 도장은 명의 멸망과 청의 지배라는 천명을 다시금 상징하는 존재로 부각된다.

이후 청나라 역대 황제들 사이에서 귀중한 보물로 소중히 전해지던 이 도장은 청나라가 망한 뒤 1920년대 중국 주요군벌들이 너도나도 소장하려고 치열한 경쟁을 벌이게 만들기도 했다. 결국 장개석^{蔣介石}의 수중에 들어간 이 옥새는 제2차 세계대전과 국공내전의 화마에서 살아남아 현재는 대만 고궁박물원에 전시되어 있다. 진시황 때부터 내려온 오리지널 버전인지는 자신할 수 없지만 최소한 송대 이후 1,000여 년간 권력자의 상징역할을 톡톡히 해온 물건인 것만은 분명하다.

지휘자는 없지만 리더십은 있는 오르페우스 오케스트라

중국에서 2,000년이 넘도록 황제들의 애를 태운 전국옥새 이야기는 오늘날의 눈으로 보면 조금 황당하기까지 하다. 도장이라는 과시성 징표에 목을 맸던 황제들은 어쩌면 헛된 권위에 집착하다가 정작 중요한 것을 놓쳤던 것은 아닐까.

진정한 권위는 당연한 말이지만, 일개 도장이나 직위 그 자체로 만들어지는 것이 아니다. 그것은 리더의 성과나 인품, 삶 그 자체를 통해 저절로 생겨나는 것이다.

하지만 권위에 의존하지 않는 리더들을 만나기가 하늘의 별따기와도 같으니, 오늘날에는 아예 리더 그 자체를 없앰으로써 권위적인 분위기를 자유롭게 바꾸고 구성원 간에 수평적인 관계를 만들어버리는 조직이 하나, 둘 생겨나고 있다.

여러 종류의 조직 중에서도 기업 이상으로 강력한 수직적 관계를 유지하는 것이 바로 오케스트라다. 오케스트라에서 지휘자는 음악적 위계질서의 정점에 서 있는 인물이다. 그래서인지 이들은 종종 CEO에 비견되곤 하는데, 실상 그 역할은 CEO를 크게 능가한다. CEO는 기껏해야 부사장이나 중간간부급을 직접 감독할 뿐, 일반 조직원을 대면할 일은 거의 없다. 하지만 지휘자는 다르다.

지휘자는 오케스트라에 속한 연주자 전원의 활동을 직접 감독한다. 지휘자는 큰 부분에서부터 작은 부분까지 일관성을 견지해야 한다. 그러다 보니 단원들과 충돌도 많이 발생한다. 아르투르 토스카니니Arturo Toscanini, 헤르베르트 폰 카라얀Herbert von Karajan, 세르지우 첼리비다케Sergiu Celibidache, 칼 뵘Karl Bohm, 오토 클렘페러Otto Klemperer 등 전설적인 대지휘자치고 오케스트라단원들과 크고 작은 마찰을 빚지 않은 인물이 없었다.

지휘자는 자신의 권위에 도전하는 꼴을 절대로 보지 못하는 사람들이고, 모든 독재자는 지휘자가 되길 꿈꾼다는 말도 나온다. 그들은 ‘쇠몽둥이’를 들고 오케스트라를 지배한다. 실제로 오케스트라단원들 사이에서는 ‘권총을 들고 처음 죽여야 할 사람은 지휘자, 두 번째, 세 번째로 총을 겨눠 처리해야 할 사람도 지휘자’라는 농담이 돌 정도다. 그만큼 지휘자와 단원 사이의 관계는 극히 나쁜 경우가 많다.

한편 지휘자는 단원들 앞에서 권위를 세우는 데 실패하면 무능하다는 평을 듣기 쉽다. 이런 점에서 오케스트라는 비즈니스리더십의 모델이 되기에 오히려 적합하지 않다는 평가가 많다. 보스턴 필하모닉 오케스트라의 설립자인 벤 잰더Ben Zander는 오케스트라가 비즈니스리더십의 훌륭한 모델이 될 수 있느냐는 질문에 “훌륭한 모델은커녕 최악의 모델"이라며 "세계에서 마지막으로 남은 전제주의의 요새가 바로 오케스트라"라고 단언한다.

하지만 상명하달식 시스템에 차츰 익숙해지고 있는 오케스트라 세계에도 변화의 바람이 일고 있다. 유로2012 축구대회에서 스트라이커를 배치하지 않는 일명 제로톱zero top 전술로 우승컵을 들어 올린 스페인팀처럼, 오케스트라에도 지휘자를 없애는 실험이 진행되고 있는 것이다. 바로 오르페우스 체임버 오케스트라Orpheus Chamber Orchestra 의 이야기이다.

오르페우스 오케스트라는 '지휘자는 없지만 리더십은 있다'라는 말로 요약되는 리더십혁신모델을 음악계에서 주도하고 있다. 이를 위해 실무자에게 권한을 주고 리더십을 나눠 가짐으로써 수평적 네트워크를 확대하는 작업을 진행했다. 이들은 지휘자가 말로 지시하고 단원들은 듣기만 하는 풍토를 확 뜯어고쳤다. 이렇게 열린 환경을 조성하여 자유롭게 음악을 해석하고 연주하면서 각종 세부적인 문제에 대한 의견을 단원들끼리 자유롭게 개진할 수 있도록 했다.

프로그램 선택과 사업계획, 협연할 객원연주자 선정 같은 민감한 주제나 사안에 대해서도 예외 없이 토론을 붙였다. 대신 토론을 할 때에는 시간을 엄수하고, 의미를 정확하게 전달할 수 있는 명쾌한 언어를 사용하게 하였으며, 사소한 사안도 무시하지 않도록 했다. 무엇보다 토론을 문제점이 아니라 해결책을 제시하는 장으로 활용했다.

많은 경영자들이 특별한 회의석상이 아니고서는 아이디어를 공유하지 못하도록 직원들을 훈련시키곤 한다. 효율성을 극대화한다는 명목으로, 회의 때 오로지 자신의 직접적인 책임분야에 한해서만 의견을 개진하도록 하는 폐단도 자주 눈에 띈다. 오르페우스 오케스트라는 이 같은 문제를 해결하기 위해 정면돌파를 시도한 셈이다.

CEO 없이 아주 잘 나가는 기업, 밸브

기업현장에서도 리더를 없애는 제로톱실험이 한창 진행 중이다. 그 일환으로 〈월스트리트저널 *The Wall Street Journal*〉에서는 CEO 없이 운영되는 미국 워싱턴 소재의 비디오게임 개발업체 밸브 Valve의 사례가 집중적으로 소개되기도 했다.

이 회사의 웹사이트 기업소개란에는 'CEO 없음 boss free'이라고 적혀있다. 직원 300여 명 규모의 회사에 공식적으로 사장이 없는 것이다. 한두 해에 걸친 실험이 아니었다. 밸브는 1996년 설립된 이후 무려 16년간이나 CEO 없이 운영되어왔다.

밸브에서는 CEO가 없을 뿐만 아니라 직급도 없고, 당연히 승진도 없다. 직원들은 프로젝트에 따라 팀을 짜서 일한다. 프로젝트를 시작할 때 팀장을 뽑지만 프로젝트가 끝나면 그는 더 이상 팀장이 아니다. 팀 구성도 프로젝트에 따라 이뤄진다.

모든 책상에는 바퀴가 달려있다. 누구든 언제나 원하는 프로젝트가 생기면 자유롭게 자리를 이동해가며 일할 수 있다. 연봉은 동료들의 평가에 따라 결정된다. 직원을 새로 고용하거나 해고할 때도 마찬가지다. 근무시간도 자율에 맡긴다. 그저 자신의 일만 잘해내면 된다.

이렇게 운영해도 회사는 잘만 굴러간다. 최근에는 티모시 쿡 Timothy Cook 애플 CEO가 이 회사를 방문하여 화제를 낳기도 했는데, 애플의 착용식 컴퓨터 wearable computer 를 밸브가 함께 개발한다는 소문이 날 정도로 밸브의 기술력은 이미 소문이 자자하다.

밸브의 조직적 특성이 성과에 어떤 영향을 미치는지에 대해서는 이미 관련연구가 진행된 바 있다. 아이오와주립대와 텍사스A&M대가 공동으로 연구한 결과, 밸브와 같은 수평적 조직에서야말로 조직원의 업무역량이 높아지는 것으로 나타났다. 조직원들이 모두 내 회사라는 자세로 책임감을 갖고 일하기 때문이었다.

이 연구를 담당한 스티븐 코트라이트 Stephen Courtright 는 "일반적인 직급체계를 갖고 있는 조직보다 밸브 같은 조직에서 직원들이 서로 더 협력하고 독려하는 것으로 나타났다"라고 말했다. CEO나 관리자가 없기 때문에 모두가 주인의식과 책임감을 갖춘 좋은 관리자가 되려고 한다는 것이다. 직급에 관계없이 조직원 누구나 아이디어를 내놓을 수 있어 혁신적인 기업문화를 만들 수 있는 것은 물론이다.

권위를 내려놓을 것이냐, 역사 속으로 퇴화할 것이냐

제로톱조직이 수평적 네트워크의 힘을 활용해 눈부신 성과를 내는 사례는 전통적인 조직의 문제점을 살펴보는 일종의 거울이 될 수 있다. 대다수의 조직, 특히 기업에서는 상명하달을 기반으로 한 강력한 원톱one top 체제를 갖추고 있는데, 리더의 역량이라는 것이 언제나 시스템이 원하는 수준에 맞을 수는 없기 때문이다.

게다가 최악의 경우 조직을 일사불란하게 이끌 능력이 없는 리더들은 십중팔구 대외적인 과시에 의존하는 경향이 심하다. 조직을 제대로 장악하지 못하는 스스로의 무능력함을 감추기 위해 허황된 권위에 기대는 것이다. 이러한 행동은 결국 조직의 성과를 좀먹는 결과로 나타나게 된다.

권위를 버리고 조직을 자유로운 분위기로 이끌 리더가 얼마나 없었으면 이러한 '리더 없애기' 전략이 다 등장한 것일까. 생각해보면 참 씁쓸하기도 한데, 어쩌면 이러한 전략은 시간이 지날수록 여러 조직에 더 많이 도입되며 큰 유행이 될 것 같다는 생각도 든다.

사람은 어떤 자리를 맡게 되면 그에 맞게 성격이 조금씩 변하게 마련이다. 실화를 바탕으로 한 영화 〈엑스페리먼트 *The Experiment*〉만 봐도 그렇다. 영화에서는 심리실험의 일환으로 교도소 역할극이 진행되는데, 시간이 흐름에 따라 교도관 역할을 맡은 이들이 점점 권위적으로 변해가고 죄수 역할을 맡은 이들을 억압하는 양상을 띠게 된다. 그러다 나중에는 권위에 복종하지 않는다고 폭력까지 행사한다.

전국옥새에 그다지도 집착한 중국 역대 황제들 역시 어쩌면 그렇게 비이성적인 인물들만은 아니었을지 모른다. 자리에 걸맞은 대접을 받고 자신이 가진 권력을 인정받으며 휘두르고 싶은 욕망은 누구에게나 있다. 때문에 진짜 리더라면 이러한 스스로의 욕망을 인정하고 다스리기 위한 방법에 대해 고민해야 할 것이다. 그러지 않는다면 멀지 않은 미래에 리더 있는 조직이 멸종되고, 리더 없는 수평적 조직만이 살아남게 될지도 모른다. 역사는 언제나 시대의 요구에 따라왔음을 기억하라.

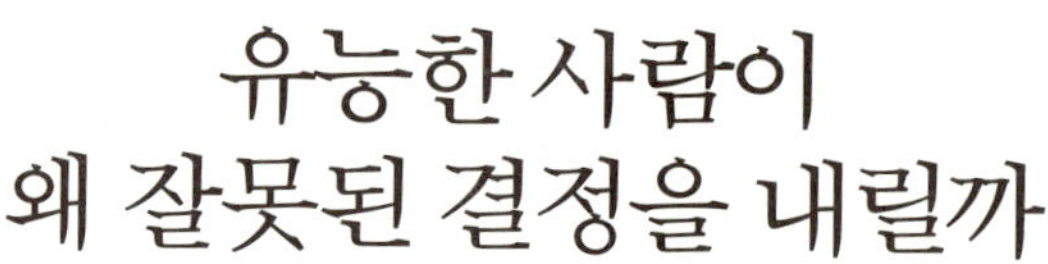

무능력한 사람은 여기저기서 넘쳐난다.

우유부단한 정치가가 소신 있는 지도자 행세를 하거나 자신의 판단미스를 예기치 못한 상황 탓으로 돌리는 경우도 많다. 게으르면서도 무례하기 짝이 없는 공무원, 행동은 소심하게 하면서 말만 과격하게 하는 군인, 부패한 종교지도자, 비논리적인 변호사, 글도 제대로 쓸 줄 모르고 맞춤법도 잘 모르는 국어교사, 이해할 수 없는 말만 지루하게 반복하는 교수들, 여기에 매사에 수동적이고 조직을 효율적으로 관리하지 못하는 관리자도 셀 수 없이 많다. 어디 그 뿐인가. 한 장짜리 보고서조차 제대로 쓸 줄 몰라 항상 아랫사람을 애먹이는 팀장도 수두룩하다.

이 같은 현상을 일컬어 일찍이 로렌스 피터Laurence J. Peter 전 컬럼비아대 교수는 "조직에서 모든 구성원들은 자신의 무능력이 드러날 때까지 승진하려는 경향을 보인다"라고 하는 소위 '피터의 원리The Peter Principle'를 주창하기도 했다.

유능한 사람이 무능한 사람으로 전락하기까지

피터의 원리가 어떻게 작동하는지 간략히 살펴보면 다음과 같다. 우선 위계를 가진 조직 내의 구성원들은 승진을 통해 자신이 능력을 발휘할 수 있는 상위직책을 맡게 된다. 승진한 자리에서 또 능력을 발휘하면 더 높은 자리로 승진할 기회를 얻는다. 이에 따라 조직을 구성하는 모든 개인들은 자신의 무능력이 드러나는 단계까지 승진하게 된다. 승진이 이전직위에서 거둔 업무성과에 대한 보상으로 관행적으로 주어진다는 것인데, 이때 올라간 직위에서 요구되는 역량과 이전직위에서 요구되는 역량이 다르기 때문에 필연적으로 무능이 드러난다는 설명이다.

이 같은 현상이 조직 전체로 반복된 결과, 조직은 시간이 지나면서 무능한 구성원들로 모든 직책을 채우게 된다. 이렇게 무능한 사람들이 윗자리를 채우면서 결국 조직 전체가 무능해지는 결과를 빚게 된다는 것이다.

피터 교수는 자신이 관찰해 도출한 이 같은 원리를, 현장기술자로서는 탁월한 재능을 보이다가도 감독관이 되어서는 부하직원과 마찰만 일으키는 무능한 공장장이나, 전장에서는 수많은 전투의 승리를 이끈 장군이었지만 육군사령관으로 승진한 뒤에는 정치인이나 상급장군을 접대하느라 버거워하다가 좌절한 군인 등의 사례를 통해 실감나게 제시한다. 이들 모두가 '무능의 단계 level of incompetence'에 도달해 개인차원에서나 조직차원에서도 불행한 최후를 맞이했다는 것이다.

그렇다면 이처럼 무능의 단계에 도달한 리더들이 보이는 병폐에는 어떠한 것이 있을까. 이들은 자신과 조직이 동시에 희생되는 상황이 도래하면, 그때부터 각종 편법과 미봉책으로 대처하곤 한다. 책임을 전가하고 거짓말로 상황을 호도하는 것이다.

설상가상으로 조직구조가 폐쇄적이기까지 하다면 아부꾼만 득실대면서 상황이 더 깊은 나락으로 떨어지게 된다. 조직 상부를 견제할 수 있는 외부 세력과의 교류가 없으니 결국 조직이 리더 위주로만 돌아가는 것이다. 하지만 편법과 미봉책, 거짓만으로 상황을 모면하는 것에도 한계가 있다.

막다른 길목에 이르면 결국 모든 사실이 폭로되면서 파국을 피

할 수 없게 된다. 리더 당사자는 자포자기하는 심정이 되어 신체적
·심리적으로 소진burnout 상태가 되고 만다. 그 결과, 한때 유능하다
고 평가받던 사람이 무능한 사람으로 낙인찍혀 퇴장할 수밖에 없
게 되는 것이다. 주변의 호평이 질타와 혹평으로 교체되는 것은 순
식간이다.

그런데 현대경영학에 처음 등장하는 피터의 원리가 과거에도 통
했었나 보다. 역사상 가장 강력한 리더십을 보인 인물 중 하나인 마
오쩌둥조차 이 점에서 자유롭지 않았다니, 그야말로 역사의 아이
러니가 아닐 수 없다.

인류사 최초의 마이너스 지적 혁명, 중국의 대약진운동

중국 인민들이 '위대한 인민의 지도자'라고 불
렀던 마오쩌둥도 종국에는 피터의 원리로부터 자
유롭지 못했다. 마오가 중국 공산화 이후 보였던,
상식적으로 이해하기 힘든 행보는 무능의 단계가
발현되기 시작하는 전형적인 모습과 매우 유사했
다. 잘못된 리더십이 생각지도 못한 큰 피해를 일
으켰던 마오 집권 후기의 모습을 살펴보자.

■ 마오쩌둥 ⓒ Wikimedia Commons

■ 대약진운동 포스터 ⓒ Wikimedia Commons

중국이 공산화된 후 50년대 말과 60년대 초 시행된 대약진운동과 문화대혁명에 대한 시각과 평은 사람에 따라 다양할 수 있다. 실제로 중국 내에서는 정부의 정보통제 및 제약과 함께 마오에 대한 향수가 겹쳐 이 시기에 대한 전체주의적 노스텔지어도 적지 않다고 한다. 하지만 당시의 대약진운동을 가리켜 '인류사 최초의 마이너스 지적 혁명'이라는 비아냥거림이 생겨날 정도로, 이시기에 황당하기 짝이 없는 비극적 사건들이 연달아 발생했던 것만은 부인할 수 없는 사실이다.

1958년과 1961년 사이에 시행된 대약진운동 기간 중에 중국에서는 최대 3,800만 명이 기아와 영양실조로 목숨을 잃는 비극이 벌어졌다. 이를 두고 존 킹 페어뱅크_{John King Fairbank} 하버드대 교수는 "인류가 경험한 대재앙 중 하나"라고 잘라 말한 바 있다.

대약진운동은 1957년 말 중국인구가, 같은 사회주의권인 소련보다 네 배나 많으면서도 중국인의 생활수준이 소련인의 절반밖에 되지 않던 현상을 타파하기 위해 추진되었다. 마오쩌둥은 농촌의 노동력을 대규모로 조직화해 농촌을 변화시키고 농업생산도 증대시킬 수 있다는 환상적인 자기확신에 가득 차 있었다.

결국 1958년, 전 중국은 쉬지 않고 일하는 노동력으로 가득 차게 된다. 새로운 도로와 공장, 도시, 수로, 댐, 호수, 조림과 개간 등에 전국적으로 6억 5,000만 명의 중국인민이 동원된 것이다.

서구사회에 대약진운동의 성과(?)로 가장 먼저 눈에 띈 것은 철강생산운동이었다. 1958년 7월부터 중국 각지에서는 전통적인 제조법으로 만들어진 조악한 용광로에서 경쟁적으로 철 생산을 하기 시작했다. 이후 7월 말에 3만 개의 용광로가 건설되었고, 8월까지는 19만 개, 9월 말까지는 70만 개, 10월에는 100만 개의 용광로가 건설됐다고 당에 보고되었다. 하지만 1억 명의 인민이 동원된 이 철강생산운동으로 만들어진 철은 거의 대부분 쓸모가 없는 것으로 판명되었다.

국가통계국은 1958년 곡물과 면화의 생산이 거의 두 배가 되었다고 공표했다. 이를 기초로 당중앙위원회는 1959년 곡물과 면화 생산목표를 다시 50퍼센트 상향조정했다. 실제 생산능력과 상관없이 지도층이 자신의 공언에 얽매이는 신세가 된 것이다.

대약진운동의 가장 큰 피해를 입은 것은 농민이었다. 1억 명이 넘는 농부들이 관개공사에 강제로 동원되었다. 농민들은 거친 자연과 싸우기 위해 괭이와 광주리를 들고 북과 깃발에 맞춰 군대식 대형을 이루면서 들판으로 행진했다. 그들이 집에서 뜯어온 문짝이나 널빤지는 댐, 저수지, 운하 건설에 사용되었다. 이렇게 급하게 대충 지어진 시설들은 결국 대부분 무너져내렸다.

정말 극단적인 일들도 벌어졌다. 그 가운데 가장 황당한 비극은 마오쩌둥이 참새가 나락을 쪼아먹는 것을 본 후 참새를 멸종시켜야 할 유해동물로 지정하면서 시작되었다. 영국의 역사학자 존 그레이John Gray는 이 사건을 두고 '프로메테우스적인 정신을 유감없이 보여준 사례'라고 지적하기도 했다. 그도 그럴 것이 마오쩌둥이 "참새를 없애라"라는 지시 한마디를 던지자마자 전 국민이 이 일에 죄다 동원되었던 것이다.

농민들은 막대기나 빗자루를 휘저어 새들을 지치게 한 뒤 새들이 땅에 떨어지면 잡아 죽이라는 명령을 받았다. 하지만 실제 이런 방법으로 참새를 잡을 수나 있을지 의심스럽기만 하다. 새가 사람을 피해 먼 곳으로 날아가 버리면 더 이상 대책이 없지 않았을까.

어쨌거나 참새에 대한 대대적인 숙청작업이 진행됐고, 농민의 피땀이 어려있는 나락을 갈취하는 참새는 더 이상 찾아보기 힘들게 되었다. 하지만 참새가 축내는 곡식을 지켜낸 만큼 농민들의 주린 배가 불러진 것은 아니었다.

오히려 천적인 참새가 사라지자 해충이 창궐하면서 대흉년이 닥치게 되었다. 이에 베이징 주재 소련대사관은 소련령 극동아시아에 있는 참새 수십만 마리를 최대한 빨리 중국으로 보내라는 비밀

연락을 받았다고도 전해진다.

　이후 정부의 통계지표상으로는 '생산량 조기달성' 보고가 이어졌지만, 사실상 수천만 인민이 흉년으로 굶어죽는 사태가 발생했다. 결국 1959년 여산에서 열린 공산당최고회의에서 국방부 부장이던 펑더화이彭德懷가 마오쩌둥에게 농민의 실생활이 사실은 파탄 상태라고 보고하려 했다. 하지만 마오쩌둥은 그것을 자신에 대한 인신공격으로 받아들여 오히려 펑더화이를 축출하고 말았다.

유능한 리더가 눈이 멀 때까지 내버려두어선 안 된다

　마오쩌둥 집권 말기에 빚어진 다수의 황당한 결정과 중국사에 큰 상처를 남긴 행보를 이해하는 데는 피터의 원리가 나름대로 유용한 잣대가 될 수 있을 법하다. 더구나 피터의 원리는 외부와의 접촉이 차단된 폐쇄적인 조직에서 더욱 잘 발현되고 여파도 크게 나타난다고 하니, 중국사회의 특성을 생각할 때 더욱 이해가 가는 대목이다.

　리더들의 눈이 흐리는 경우는 여러 가지이다. 아무리 오랜 시간 현명한 결정을 내렸던 리더라 해도 인간이기에 실수 한두 번쯤은 하는 게 보통이다. 그래서 필요한 것이 바른 말을 할 수 있는 여러 명의 참모다. 나아가 어떤 의견이라도 자유롭게 개진할 수 있는 민주적인 의사결정의 구조다.

만약 마오쩌둥의 옆에 펑더화이 같은 참모가 서너 명만 더 있었다 해도, 아니면 중국의 정치구조가 좀더 민주적이었다 해도 참새 대학살과 같은 참혹한 일이 벌어졌을까? 글쎄, 역사에 가정법을 쓰는 것은 소용없는 짓이겠지만 아마 그런 일은 벌어지지 않았을 것이라 확신한다.

물론 가장 중요한 것은 리더 스스로가 자신이 내리는 결정에 대해 크나큰 책임감을 갖고 신중해야 한다는 점이다. '내가 내린 결정 하나로 얼마나 많은 이들에게 피해가 갈 것인가'라는 말은 중요한 의사결정을 내리기 전 수십 번 이상 얼마든지 곱씹어도 좋다.

그러나 인간이기에, 너무나 부족함이 많은 인간이기에, 리더십을 보완할 장치 또한 분명히 필요하다. 그것이 참모요, 의사결정구조인 셈이다. 인간의 이성이 엄청나게 발달했다고 여겨지는 오늘날에도 도무지 이해할 수 없는 사건은 수도 없이 벌어지고 있다. 리더의 눈이 흐려지지 않도록 해주는 보완책이 절실하게 필요한 이유가 여기에 있다.

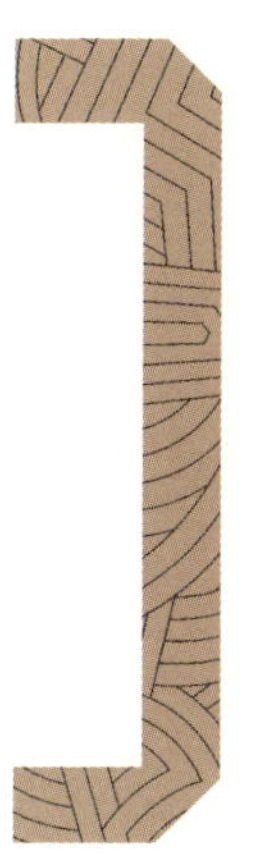

아첨꾼은
왜 생겨나는가

아첨꾼을 만드는 것은 조직이다

사회 밑바닥에서 성장해 중국을 통일하고 황제의 자리에까지 오른 인물인 한고조 유방劉邦은 산전수전 다 겪고 성공한 인물의 특징을 고루 갖추고 있었다. 특히 그는 다른 사람의 의견을 경청하고 자신을 객관적으로 돌아볼 줄 아는, 한마디로 열린 소통을 할 줄 아는 리더의 자질을 모두 갖추고 있었다. 아첨하는 부하에 흔들리지 않고, 쓴소리를 내뱉는 이에게도 관대한 대인배 중의 대인배가 바로 그였다.

이 같은 유방의 성격이 잘 드러나는 일화가 있다.

만세부대에 둘러싸인
한고조 유방

한번은 전한시대 유학자 육가(陸賈)와 유방이 설전을 벌인 적이 있다. "유자(儒者)를 만나면 갓에다 오줌을 눴다"라고 할 정도로 유학의 탁상공론을 혐오했던 유방은 황제의 지위에 오른 뒤 육가와 만난 자리에서 유학자에 대해 싸늘한 태도를 보였다.

"나는 마상(馬上)에서 천하를 얻었다. 전쟁도 모르는 겁쟁이들이 주장하는 인의(仁義)라든가 성왕(聖王)의 도(道)라든가 하는 말장난이 무슨 쓸모가 있는가?"

유방은 육가를 향하여 자신만만하게 질문을 던졌다. 하지만 육가는 전혀 기죽지 않고 다음과 같이 조목조목 반박했다.

"폐하께서 말 위에서 천하를 얻으셨다는 것은 잘 알고 있습니다. 그러나 마상에서 천하를 다스릴 수는 없겠지요. 폐하보다 먼저 천하를 통일한 진나라가 만약 폐하께서 말장난이라 하신 인의라든가 성왕의 길을 지켰다면, 대체 어떻게 폐하께서 천하를 얻으셨을 수 있었겠습니까?"

■ 한고조 유방 ⓒ Wikimedia Commons

《사기(史記)》에서는 이 같은 육가의 발언에 대해 '고조는 언짢아하면서도 부끄러워하는 기색이 있었다'라고 전한다. 이후 유방은 육가에게 진나라가 어떻게 천하를 잃었고, 자신이 어떻게 천하를 얻었는가를 책으로 써서 분석해달라고 요구했다. 고조의 요구에 육가는 맞춤형 저술을 내놓게 된다. 그는 국가가 흥하고 망하는 징조를 서술해 논했고, 책의 이름을 《신어新語》라 지었다. 그리고 책의 내용을 장별로 황제에게 소개했다. 유방은 당연히 이 책에 깊은 관심을 보였다.

하지만 문제는 절대권력이 된 유방에게 역사의 교훈이 손실되지 않고 오롯이 전해지기에는 당시 환경이 힘들었다는 데 있었다. 이미 권력자의 모든 행동을 찬양만 하는 아부꾼과 예스맨들이 온통 유방의 주위를 둘러싸고 있었던 것이다.

《사기》는 이런 환경을 마치 오늘날 TV화면을 보듯 생생하게 중계해준다. 《사기》에 따르면 《신어》의 각 편이 완성되면 유방은 앞으로 나아가 그것을 소리 내 읽었다고 한다. 유방은 한편, 한편을 들을 때마다 "이것은 재미있다"라거나 "참으로 그러하다"라고 맞장구를 쳤다. 그리고 그럴 때마다 주변에 늘어서 있던 신하들은 즉각 만세를 불렀다.

과연 그 신하들이 《신어》의 내용을 그토록 열심히 경청했을지, 그 내용에 100퍼센트 동의했을지 좀 의심스럽긴 하다. 오늘날에도 비슷한 장면이 여러 조직에서 재현되고 있지 않은가? 조직 내에서 윗사람의 말에 토를 다는 것은 여전히 좀처럼 보기 드문 광경이니 말이다.

그렇다면 유방이 그토록 격찬하고, 신하들의 잇따른 만세를 유도한《신어》는 대체 어떤 책일까?

유방이 아첨꾼 신하들에게 휘둘리지 않았던 이유

《사기》에 따르면《신어》는 모두 12편으로 구성되어 있다. 현재에도《신어》라는 책이 전해지고는 있지만 과연 이것이 육가가 쓴 책인지는 불확실하다. 확실한 것은 현재 당대와 후대의 저작에서 원래《신어》의 내용으로 추정되는 일부 내용들이 전해질 뿐이라는 사실이다(《신어》가 집필된 후 약 700년 뒤에 남조의 양梁나라 때에 이르러, 육가가 쓴《신어》 2권이 등장했고 이 책이 지금도 육가가 지은《신어》라 불리고 있다. 그러나 이 책은 역사학자들의 고증에 의하면 육가가 쓴 책과는 전혀 다른 책이라고 한다).

일본의 역사학자 사타케 야스히코佐竹靖彦 도쿄도립대학 명예교수에 따르면《신어》의 내용 중 상당부분은 오늘날 육가가 지었다고 전해지는《초한춘추楚漢春秋》(이 책 역시 9권짜리였다고 전해지지만 현재 남아 있는 것은《사기》와 기타 역사서들의 주석에 인용된 단편적인 문구들뿐이다) 속 일부 문구들이었을 것이라고 한다.《신어》에서는 유방의 요청에 따라 고대국가의 흥망에 관한 부분도 다루었겠지만, 그 중심내용이 '현대사(당대사)'였으리라는 게 사타케 야스히코 교수의 추론이다.

한편 유방이 육가의 직설적인 비판을 경청할 수 있었던 배경에는 그가 중국 역사상 최초의 '서민 황제'라는 점도 한몫했을 것으로 보인다. 《사기》 고조본기를 보면 유방의 출신성분에 대해 이름조차 나와 있지 않을 정도로 그의 출신은 미천했다. 중국 최고 권위의 정사에는 '고조는 패이 풍읍 중량리 출신으로 성은 유, 자^字는 계^季다. 부친은 태공, 모친은 온유이다'라고만 적혀있을 뿐 본명은 나와 있지도 않다.

그나마 이 '계'라는 자도 제대로 격을 갖춘 자가 아니었다. 계는 형제를 나이순으로 부르던 백^伯·중^仲·숙^叔·계^季 중 네 번째 단어를 차용한 것으로 '유씨 집안의 막내(네째)'라는 범칭을 일컫는 것에 불과했다. 《사기》와 《한서^{漢書}》 등 1차 사료에는 유방이란 이름은 등장하지 않고, 순열^{荀悅}이란 사람이 쓴 《한기^{漢紀}》라는 책에만 한 고조의 이름이 유방이라는 설이 나올 뿐이다. 한편 일본인 문필가 시바 료타로^{司馬遼太郎}는 유방이란 이름의 방^邦이란 단어가 '형님'이란 뜻을 지녔을 것으로 추론했다.

이렇게 사회계층의 밑바닥에서 정점으로 치고 올라갔던 유방은 점점 자연스럽게, 또한 의식적으로 행동양식을 바꾸어갔을 것이다. 이 과정에서 좋은 말만 듣는 대신 쓴소리까지 경청하며 지도자로서 현실감각을 유지한 것이 그의 성공에 커다란 밑거름이 되었을 것이 분명하다. 무엇보다 자신이 말을 꺼낼 때마다 만세를 외쳐댔던 아첨꾼 신하들에게 휘둘리지 않았던 것이야말로 그가 훌륭한 리더로 오늘날까지 평가받을 수 있게 만든 가장 큰 이유였을 것이다.

1년 내내 생일축하편지를 받은 스탈린

사실 유방이 비천한 출신이었기에 마음속으로는 그를 은근히 무시하는 신하들이 꽤 많았다고 전해진다. 그럼에도 겉으로는 온갖 아부를 멈추지 않던 그의 신하들을 생각해보면 예나 지금이나 리더의 주위에는 온갖 아첨꾼이 들끓을 수밖에 없구나, 하는 깨달음에 씁쓸함을 감출 수가 없다.

동양에서는 대대로 윗사람을 공경하고 충성을 강조하는 문화가 자리 잡고 있어서 그것이 아첨으로 보였을 것이라 생각할 수도 있다. 그러나 사실 현대 사회주의세계에서조차 열렬한 아부꾼들은 엄청나게 존재했다. 그리고 그 아부의 정도는 유방 때와는 비교조차 불가능할 만큼 심각한 수준이었다. 바로 이오시프 스탈린^{Iosif Vissarionovich Stalin}의 이야기로 건너가보자.

"인민의 아버지이자 역사상 가장 위대한 비범한 천재. 노동자의 친구이자 스승. 밝게 빛나는 태양과 같은 인간적 매력에 사회주의에 활력을 불어넣는 인물…."

　스탈린은 이와 같은 멘트를 아침에 일
어나 저녁에 잠자리에 들 때까지 끊임없
이 들어야만 했다.

　막강한 권력을 독점하고 있던 말년의
스탈린은 과거 제정러시아의 어떤 차르
tsar(군주)도 경험해보지 못한 극찬에 둘러
싸여 있었다. 신문기사와 시詩뿐만 아니라
공공장소에서의 연설, 공산당의 각종 결
정문들, 문학비평과 과학실험결과 발표에

■ 이오시프 스탈린 ⓒ Wikimedia Commons

이르기까지 스탈린찬양은 소련사회에서 빠질 수 없는 요소였다.

　공산당 기관지 〈프라브다pravda〉는 매일 1면에 '강철 같은 친애하
는 지도자'에게 보내는 소련국민의 감사편지를 싣는 게 일종의 관
행이었다. 낯 뜨거운 찬양편지를 스탈린에게 보낸 이로 소개된 사
람들 중에는 스탈린이 숙청해 시베리아 동토에서 연명 중인 죄수
들도 있었다.

　1949년 12월 스탈린이 70세 생일을 맞이했을 때는 전국에서 쏟
아진 축하편지를 미처 감당하지 못할 정도였다. 결국 〈프라브다〉
는 1년 가까이 매일 새로운 생일축하편지를 전 국민들에게 소개하
는 만행을 저지르기까지 했다. 이 같은 〈프라브다〉의 1면 편지보
도는 1953년 스탈린이 사망하기 직전까지 계속되었다.

　모스크바혁명박물관은 러시아 각지의 공장과 탄광, 학교 등에서

보내온 생일축하선물을 전시하는 공간으로 바뀌었다. 이 과정에서 스탈린은 마르크스 – 엥겔스 – 레닌 – 스탈린으로 이어지는 사회주의 선지자의 적통계보를 만드는 동시에 자신 앞에 있던 3인의 업적을 깎아내리는 작업도 병행했다.

이후 말 그대로 전지전능한 권력을 손에 쥔 스탈린은 자신의 영향력을 가장 비정치적이라고 여겨지는 곳에까지 사용하게 된다. 즉 '스탈린 동지의 위대한 영도력'으로 인해 첨단과학기술이 발전하고 군사분야가 두각을 나타내고 있다고 선전했던 것이다. 그뿐만이 아니었다. 그는 스스로 자연과학법칙과 언어학법칙마저 바꾸어버리는 지경에 이르게 된다.

1950년대 스탈린은 〈프라브다〉를 통해 30여 년간 소련 마르크스주의 언어학이론을 대표하던 N. Y. 마르 학파를 직설적으로 비판했다. 이에 '사회의 경제구조가 언어구조를 결정짓는다'라고 하는 마르의 이론은 한순간에 밀려나고 언어철학 및 언어와 방언, 은어의 관계 등에 대한 스탈린의 의견이 정설로 자리 잡게 된다. 또 "전 세계가 공산화될 경우 사회주의세계에서는 단 하나의 언어가 사용될 것"이라고 하는 스탈린의 생각 역시 소련사회에서 반대의견을 찾을 수 없는 대세로 자리 잡게 되었다. 수많은 언어학자들은 이런 모습을 지켜보면서도 오로지 침묵을 지킬 수밖에 없었다.

이와 함께 소위 '부패한 자유주의, 근본 없는 세계주의, 퇴폐적인 자본주의'의 영향을 제거하기 위해 예술분야에도 '건전한' 스탈린교시가 절대평가기준이 되었다. 스탈린이 새로운 오페라작품에 대해 비판하면 그 곡을 만든 작곡가는 전전긍긍해야 했다. 이 와중에 오시프 만델스탐^{Osip Emil' evich Mandel' shtam}을 비롯한 러시아의 유명시인들은 앞다퉈 스탈린을 찬양하는 시들을 발표했다.

과학분야에서도 부르주아의 사이비과학으로 매도된 부분은 연구가 진행되지 못했고, 과학적 사실보다는 이념이 우선시되었다. 기준은 오로지 스탈린의 마음, 스탈린의 말이었다.

특히 진화론은 공산주의이데올로기에 적극적으로 활용되었다. 특히 이미 과학적으로는 부인되었던 후천적인 획득형질 유전설이 스탈린의 후원 아래 부활하여 정설이 되어버렸다. 농업생물학자 리센코^{T. D. Lysenko}가 '획득형질이 유전된다'는 주장을 펼친 것이다. 그는 '공산주의적 훈련에 의해 변형된 사회주의적 신인간이 무한히 발전해나갈 수 있다'라는 말을 하면서 스탈린에게 학문적 아부를 떨어댔다. 그 결과, 당시 소련에서 리센코의 의견에 반대했던 학자들이 무참히 숙청되고 말았다.

당신의 조직은 아첨꾼을 양성하는 구조인가?

스탈린이 신과 같은 절대권력을 누리는 동안, 역설적으로 그는 소련사회의 실상과 실제를 접촉하고 인지할 기회를 빠르게 잃어갔다. 아첨꾼 혹은 자신과 비슷한 생각을 하는 사람들에게 둘러싸인 스탈린은 본인 왕국의 실상이 정확히 어떠한지 확인할 수 있는 관련데이터를 전혀 접하지 못했다. 게다가 암살에 대한 두려움으로 당시 정부의 본거지였던 크렘린Kremlin을 나와 지방을 순시하는 일마저 거의 없어지면서, 이 같은 현상은 점점 더 심해졌다.

스탈린에게는 모든 것이 잘 굴러가는 것처럼 보고되었다. 하다못해 지방농부들의 삶이 윤택한 것으로 조작되어 영화필름에 담겨졌고, 이것이 소련농촌의 현실이라며 스탈린 앞에서 상영되기도 했다.

아부꾼에 둘러싸여 현실감각을 빠르게 잃어갔던 스탈린. 그에 대한 역사적 평가는 차치한다 하더라도 스탈린 이후의 소련체제가 길게 가지 못했다는 사실만큼은 결코 지울 수 없는 그의 약점이 아닐까. 결국 리더가 아첨꾼에게 눈이 멀어 현실을 제대로 인식하지 못하면 그 조직은 영속할 수 없다는 치명적 교훈을, 스탈린은 오늘날 우리에게 뼈저리게 알려준다.

유능한 리더라도 감언이설에 녹다 보면 시야가 흐려지게 마련이다. 그 같은 일이 반복되면 결국 리더도, 조직도 몰락할 수밖에 없다. 때문에 조직원을 아부꾼으로 만들지 않는 것이야말로 용인의 주요한 덕목 중 하나라 할 수 있다.

100년 이상 존속해온 장수기업의 비결에 대해 남다른 관심을 가져왔던 아리 드 호이스^{Arie de Geus}의 분석은 이와 관련해 남다른 시사점을 제공한다. 호이스에 따르면 인간과 기업은 비슷한 메커니즘을 갖고 있다고 한다. 둘 다 모두 늙지 않는 비결은 세 가지다. 정신적 안정(안정된 리더십과 직원들의 결속)과 균형 있는 섭생(주변상황에 대한 꾸준한 학습과 미래예측), 꾸준한 운동(환경변화를 두려워 않는 응전 및 대안 수립)이 그것이다.

또한 핵심사업의 새로운 가능성을 관대하게 평가함으로써 변두리사업을 손쉽게 핵심사업으로 전환시킬 수 있어야 한다는 점도 장수의 비결로 꼽았다. 그러면서도 자금운용은 보수적으로 하라는 조언도 제시되었다. 미국의 듀폰과 허드슨 베이^{Hudson's Bay Company}, 스웨덴의 스토라^{Stora Enso Oyj}, 일본의 미쓰이^{三井, Mitsui}와 스미토모^{Sumitomo 住友, Corporation} 같은 기업들이 바로 이러한 점들을 잘 지켜 100년 이상 건재를 과시하는 대표적인 기업들이다.

이와 함께 호이스는 '누구도 지나치게 많은 권력을 가져서는 안 된다'라는 점을 장수기업이 되기 위한 마지막 필수요건으로 지목한다. 권력이 한손에 집중되는 것은 자유가 없음을 의미하는 것이고, 이는 곧 지식의 창조나 전파가 없다는 것을 뜻하기 때문이라는 설명이다. 지식전파와 조직학습 없이는 세상이 바뀌는 데 대응할 어떠한 효과적인 활동도 할 수 없다는 주장이다. 이는 기업의 잠재역량을 사장시키고 자연스럽게 기업이 사멸하도록 이끈다는 논리로 이어진다.

　나아가 권력이 한 사람에게 지나치게 집중되면 조직원의 안위가 권력을 잡은 리더에게 달린 것이 되므로, 조직원들은 리더의 눈치를 볼 수밖에 없게 된다. 태생적으로 아첨꾼 기질을 타고난 사람 말고도 여러 명의 아첨꾼이 많이 존재하는 조직에는 바로 이러한 특징이 있다. 조직구조가 아첨꾼을 양성하게 된다는 것이다.

　절대권력을 누렸지만 아부꾼들에 둘러싸여 현명한 판단을 내리지 못했던 스탈린을 생각할 때 무엇이 진정 조직을 살리고 영속시키는 리더의 모습일지 생각해보게 된다. 더욱 커다란 권력을 손에 쥘수록, 그에 따른 역기능이 얼마나 큰지 끊임없이 되새겨볼 일이다. 부하의 듣기 좋은 말이 서서히 리더를 죽이는 독이 될 수도 있는 것이다.

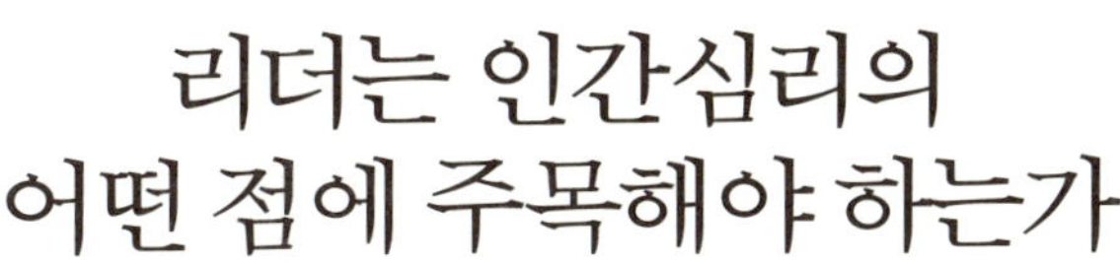

리더는 인간심리의 어떤 점에 주목해야 하는가

신뢰는 획득이 아니라 활용이 중요하다

'경제는 심리'라는 말이 자주 등장한다. 경제주체인 사람들의 행동은 심리에 좌우되며, 심리의 영향을 받은 사람들의 행동에 따라 경기 역시 움직인다는 말일 것이다.

실제로 경제고수들은 사람들의 무작위적인 행동을 통해 경기가 좋은지, 나쁜지를 가늠하곤 한다. 그리고 그 속에서 경기에 대한 사람들의 자신감을 유추하여 대책을 마련한다. 앨런 그린스펀^{Alan} Greenspan 전 미국중앙은행^{Fed} 의장이 세탁소 반입량이나 청소차 물동량까지 조사하면서 경기를 파악하려고 애썼던 것이 대표적이다. 그는 연방기준금리를 결정하는 회의 전에 늘 뉴욕 시내의 쓰레기양과 더불어 브래지어 매출동향을 체크했다고 전해진다. 사람들이 경제상황에 자신감을 갖고 무의식적으로 씀씀이를 늘리거나, 비관적으로 경제를 전망하여 지갑을 닫는 패턴을 파악하고자 했던 것이다.

인간심리가 가진 무한한 힘의 증명, 피그말리온 효과

민간에 전해지는 경제에 관한 속설 가운데 대중의 경제자신감과 관련된 것이 적지 않다. 여성들의 스커트 길이나 립스틱 판매량과 경기흐름의 상관관계는 확실히 규명된 경제이론이 아님에도 불구하고 경기를 파악하는 지표로 자주 통용되곤 한다. 경기가 나쁠수록 여성들이 돋보이고 싶어하는 심리가 발동하여 미니스커트를 선호한다는 설명이 일견 그럴 듯하게 들리기도 한다. 그런가 하면 불황일 때 비싼 화장품을 사기 힘들어진 여성들이 값싼 립스틱으로 화장효과를 극대화하려는 경향이 있다는 해설도 같은 맥락에서 맞는 말처럼 들린다.

반대로 고속도로통행량이 많아지거나 놀이공원입장객이 늘어날 때에는 경기가 호전될 것이라 점치는 사람들이 많다. 사람들의 이동량이 많아지고 씀씀이가 커졌다는 이야기는 그만큼 경제활동이 활발해졌다는 소리이기 때문이다. 불경기일수록 소주판매가 늘고 경기가 좋아질수록 맥주판매가 늘어난다는 것이 거의 공식과 같다는 분석도 있다. 그 밖에 불황일수록 달콤한 음식이 잘 팔린다는 속설도 있다. 경기침체로 스트레스를 받은 사람들이 단 음식을 먹으며 마음의 안정을 꾀한다는 설명이다.

물론 인간의 심리가 무조건 행동을 조종하여 커다란 현상을 만들어내는 데까지 이어지지는 않는다. 사람들 개개인의 사소한 의도와 행동이 다른 사람들의 행동 및 환경과 결합하여 예상치 못한 결과를 내는 경우가 비일비재하기 때문이다. 이와 함께 사회적·문화적 편견과 고정관념이 인간의 행동을 제약하는 경우도 허다하다.

하지만 기본적으로 인간의 심리가 변화를 만들어내는 원동력이자 불가능을 가능으로 바꾸는 주역이라는 점에는 큰 이견이 없을 것이다. 그리스신화에서 무결점 미인을 조각한 후, 그 조각상과 사랑에 빠진 피그말리온 설화에서 유래한 일명 '피그말리온 효과Pygmalion effect'는 이 같은 현상을 단도직입적으로 표현하는 말이다.

피그말리온 효과는 인간의 심리가 지닌 무한한 힘을 단적으로 보여준다. 그중에서도 타인으로부터 받는 신뢰가 불가능을 가능으로 만드는 핵심키워드가 된다는 사실을, 피그말리온 효과에 대한 최초 분석사례는 명확히 입증하고 있다.

피그말리온 효과가 실험을 통해 실제로 검증된 것은 1968년 미

■ 장 레옹 제롬의 〈피그말리온과 갈라테이아〉

국에서였다. 하버드대학 사회심리학과 교수인 로버트 로젠탈Robert Rosenthal과 초등학교 교장 출신인 레노어 제이콥슨Lenore Jacobson은 선생님과 학생들을 대상으로 피그말리온 효과에 관한 실험을 시행했다. 그들은 미국의 오크초등학교에서 전교생을 대상으로 지능검사를 실시한 뒤, 무작위로 한 반에서 20퍼센트의 학생을 뽑았다. 이 명단을 '앞으로 성적이 올라갈 아이들'이라는 말과 함께 담임선생님에게 건네주었다.

그로부터 8개월 후 진행된 지능검사의 결과는 놀라움 그 자체였다. 마치 거짓말처럼 명단에 속한 학생들이 다른 학생들에 비해 평균점수가 높게 나왔던 것이다. 담임선생님이 아이에게 성적이 오를 것이라며 기대와 관심을 보이자, 아이는 그 기대를 느끼고 노력하여 정말 지능지수가 높아졌던 것이었다.

역으로 피그말리온 효과를 적용하면 교사가 학생에 대해 부정적인 인식을 가질 경우, 학생은 교사의 부정적인 기대에 부응해 학업에 실패할 가능성이 높아진다는 사실도 알 수 있다. 교사가 학생에게 비관적인 기대를 할수록 학생은 학교가 싫어지고, 교사를 혐오하며, 학습에 염증을 느껴 공부를 기피하게 되는 것이다.

한 국가의 역사 속에서도 일종의 피그말리온 효과가 극적으로 발휘된 적이 있다. 조그만 심리변화가 커다란 경제성장을 가져온, 제2차 세계대전 직후 독일의 경제기적이 바로 그것이었다.

기적은 경제활동수단인 화폐에 대한 사람들의 신뢰에서 시작되었다. 돈에 대한 사람들의 믿음은 절대빈곤의 나락으로 떨어질 것이냐, 라인강의 기적을 만들어낼 것이냐를 가름하는 분수령이 되었던 것이다.

시장의 신뢰를 회복한 새 화폐가 등장하자 하룻밤 만에 죽어가던 좀비경제가 활력 넘치는 마법사의 경제로 바뀌기 시작했다. 강력한 마르크DM화의 신화를 가져온 전후 독일의 화폐개혁은 경제에서 심리가 차지하는 비중의 중요성, 그에 앞서 심리적 안정을 얻기 위한 정부 등 경제주체의 신뢰가 얼마나 중요한지를 단적으로 보여준다.

역사적으로 독일은 돈의 가치가 급등락하는 것을 온몸으로 경험해본 나라다. 제1차 세계대전 직전, 독일 라이히스마르크화RM의 가치는 영국 파운드나 프랑스 프랑, 이탈리아 리라화에 비해 매우 안정적이었다.

하지만 전쟁에서 패하자, 모든 것이 순식간에 바뀌었다. 제1차 세계대전 이전에는 1파운드가 20마르크 선에서 교환되었지만, 1918년 12월이 되자 파운드당 43마르크로 화폐가치가 추락하게 된다. 1919년 베르사유조약 체결 이후에는 파운드당 60마르크가 되었고, 그해 겨울에는 파운드당 185마르크까지 마르크값이 폭락했다. 그러던 것이 1923년이 되자 파운드나 프랑, 리라와 마르크를 교환하기 위해서는 외국 통화당 무려 1조 마르크가 필요하게 되었다. 화폐단위에 아무런 의미가 없어진 것이다.

당시 달러 대비 마르크화 가치의 추이를 복기하면 얼마나 빠른 속도로 라이히스마르크화가 휴짓조각이 되어갔는지를 살펴볼 수 있다. 달러당 마르크화의 가치는 1923년 1월 7,260마르크에서 4월 2만 마르크, 8월 초 100만 마르크로 주저앉았고, 9월에는 달러당 1,000만 마르크까지 떨어졌다. 10월 중순에 이르러 달러당 10억 마르크를 돌파한 환율은 12월 초에 달러당 42억 마르크까지 폭락했다. 그해 독일에서 유통된 마르크화의 규모는 663조 마르크에 이르렀다.

사실상 화폐가 교환기능을 상실하면서 독일경제는 물물교환상태로 돌아가게 된다. 담배나 보석, 예술품들이 빵을 사기 위해 쓰이기 시작한 것이다. 사람들은 자신이 평생 모은 자산이 한순간에 사라지는 것을 목격했고, 사랑하는 이들이 배고픔에 굶주리는 것을 목도해야만 했다.

제2차 세계대전 이후의 상황도 비슷했다. 전쟁이 끝났던 1945년의 상황은 제1차 세계대전을 마쳤던 1918년의 상황과 매우 유사했다. 1947년에는 잠시 경기가 좋아지는 듯했지만 곧 중동부 유럽지역은 인플레이션inflation(물가상승현상)과 스태그네이션stagnation(장기적인 경기침체현상), 지역 궁핍화로 고통을 받게 된다. 자본은 급속도로 고갈되었고, 정부가 국가운영을 오로지 미국의 원조에 기댈 수밖에 없는 상황이 초래되었다.

최악의 상태로 치달은 상황, 결국 화폐개혁이 시행되고

이 같은 상황은 '가치 없는' 화폐에 의해 초래된 측면이 적지 않았다. 제2차 세계대전 직후 독일 내의 연합군 주둔지에서 종전 이전에 발행되었던 독일의 라이히스마르크화와 달러화의 명목상 교환비율은 1대 10이었다. 이 같은 비율은 암시장만 없었다면 당시 독일경제상황을 고려해 그럭저럭 견뎌나갈 만한 비율이었다.

하지만 점령 미군 등이 커피나 담배 같은 물품들을 암시장에 내다 팔면서 100~150퍼센트의 이익을 챙겼고, 이에 따라 라이히스마르크화의 가치는 급격히 떨어졌다. 자연스레 연합군 점령하의 독일에서는 제1차 세계대전 이후처럼 인플레이션이 급증하기 시작했다.

이 같은 부작용이 심해지자 독일점령 미군은 민간에서는 사용하

지 못하고 군대 내에서만 통용되는 군표^{military script}(군용 수표)를 발행
하는 방식으로 대응하게 된다. 사실상 군표가 라이히스마르크화를
대체해버린 것이다. 하지만 이 같은 점령당국의 대응책은 미봉책
에 불과하여 사태를 더욱 악화일로로 치닫게 만들고야 말았다. 이
조치로 인해 라이히스마르크화는 말 그대로 휴짓조각이 되어버렸
고, 미군에서 흘러나온 담배만이 확고부동한 교환의 표준수단이
되어버렸다.

사실상 가치가 없던 라이히스마르크화는 사용 가능한 통화수단
으로 남아있던 지위마저 상실해버렸다. 시장에서는 오로지 담배가
가치의 척도가 되어버렸고 물건의 가격은 몇 마르크인지가 아니라
담배 몇 값 혹은 담배 몇 상자인지로 통용되었다.

이 같은 상황이 펼쳐지자 하이퍼인플레이션^{hyper inflation}(초 인플레이
션)으로 고통받던 1923년처럼 이로 인해 이득을 보는 사람도 생겨
났고 피해를 보는 사람도 생겨났다. 이득을 얻는 자들 가운데 대표
적인 이들은 본국에 있는 가족들로부터 담배 등을 부쳐달라고 할
수 있는 점령군들이었다. 이들은 교환수단으로 담배를 구하려는
독일인들로부터 큰 이득을 챙길 수 있었다. 반면 대부분의 독일인
들은 생존선 이하의 삶으로 몰렸다. 반숙련노동자의 평균주급이
80라이히스마르크인 상황에서 1달러짜리 담배상자의 가격이
1,000라이히스마르크 이상을 호가할 정도였기 때문이다.

이 같은 상황이 지속되는 것은 연합군 점령당국에게도 좋을 것

이 없었다. 제1차 세계대전 이후 하이퍼인플레이션으로 나치가 집권했던 역사적 선례가 떠오르지 않을 수 없었던 것이다. 더구나 뉘른베르크 전범재판소에서 연합군들이 나치에게 부과했던 죄목의 상당부분이 연합군 점령지에서 반복되는 상황이었다.

이에 연합군도 대응책 마련에 들어갔다. 1947년 미군은 암시장에 제약을 가하고 강력히 통제하는 규제책을 선보였다. 하지만 정책의 효과가 기대치에 미치지 못했고, 결국 점령군은 근본적인 대책으로 화폐개혁이란 강수를 두게 된다.

독일경제가 다시 활기를 찾게 되기까지

1948년 6월 연합군은 서독지역 시민들이 은행에 예치했거나 소유하고 있던 라이히스마르크가 얼마나 되는지 등록하라고 지시했다. 또한 이들이 가지고 있던 라이히스마르크를 새로운 화폐인 도이체마르크와 교환하도록 했다. 이때 교환비율은 10라이히스마르크당 1도이체마르크였다.

한꺼번에 전액이 교환된 것은 아니어서 독일인들은 개인별로 처음에는 400라이히스마르크까지 새로운 도이체마르크와 환전할 수 있었다. 이어 두 달 뒤에는 200라이히스마르크를 추가로 환전할 수 있도록 하는 등 단계적인 환전조치가 이루어졌다.

이 같은 연합군사령부의 포고령은 보험과 전쟁국채, 모기지 등에 투자되어 있던 수조의 라이히스마르크를 증발시키는 것으로서, 매우 가혹한 조치로 간주되었다. 실제로 소련은 이 조치에 대해 서방에 불 같은 비난을 퍼붓기도 했다.

하지만 이 같은 전격적인 조치로 말미암아 담배로 상징되는 지하경제는 마침에 끝을 보게 되었고, 새로운 화폐체제가 성공적으로 등장하게 된다. 새로 선보인 도이체마르크는 비록 금이나 은으로 태환되는 장치는 없었지만, 단기간에 확고한 교환수단으로 자리매김했다. 새 화폐의 등장은 모든 것을 바꾸었다. 이전 라이히스마르크화가 통용되던 정부나, 도이체마르크화를 발행한 정부 모두 동일한 점령군정이며 객관적인 경제상황에는 차이가 없었는데도 말이다.

사람들이 돈에 대해 다시 신뢰를 갖기 시작하자 심리상태가 변화하게 되었고, 이에 따라 도이체마르크는 점차 독일의 경제상황을 긍정적으로 변화시키기 시작했다. 이를 두고 경제학자 헨리 월리치Henry Wallich는 독일의 화폐개혁이 '하룻밤 사이에 독일을 변화시켰다'라고 평가한다.

1948년 6월 21일에는 상품들이 상점에 다시 진열되었고, 화폐 본연의 기능이 작동되기 시작했다. 암시장은 급속히 축소되었으며 사람들이 시골로 내려가 먹을 것을 찾아 헤매는 모습도 사라졌다.

노동생산성이 높아지기 시작하고 생산물량도 급속도로 많아졌다. 나라와 국민의 정신상태가 단 하룻밤 만에 극적으로 바뀐 셈이다. 먹을 것을 찾기 위해 거리를 배회하던 회색빛의 굶주린 사람들이 주머니 속에 40도이체마르크를 가지게 되자마자 다시 소비를 시작했고 얼굴에 생기를 띠기 시작한 것이다.

좋은 리더와 위대한 리더를 가르는 기준, 신뢰

마침내 독일경제는 다시 작동하기 시작했다. 이후 독일은 새로 출발한 마르크화를 기반으로 경제기적Wirtschaftswunder을 이루어내며 주변국을 놀라게 했다. 새로운 도이체마르크화는 믿을 만하다는 사람들의 신뢰 한 가지가, 점령당국이 과거에 내놓았던 수많은 규제가 해결하지 못한 난제를 스스로 푼 셈이다. 단지 직면한 어려움만 급하게 해결한 것이 아니라 이후 독일이 세계적인 경제강국으로 자리매김하는 데 근본적이고 결정적인 역할도 하게 된다. 이러한 독일경제 이야기는 신뢰가 없다면 어떤 경제조치도 백약이 무효일 수 있고, 신뢰를 회복한다면 불가능할 것 같던 경제기적도 단기간에 이룰 수 있다는 것을 명징하게 보여준다.

우리는 흔히 신뢰가 사람과 사람 사이의 관계에만 작용하는 것이라고 생각하지만 독일의 경우처럼 국가경제 전체에 거대한 영향을 끼치는 경우도 비일비재하다. 때문에 리더의 자리에 있는 사람일수록 신뢰가 가진 그 무한한 힘에 대해 정확히 직시하고 있어야 한다.

조직원들이 능력을 가장 크게 발현하도록 하는 힘이 과연 무엇일까. 해답은 두 번 고민할 것도 없이 바로 '신뢰'다.

자신의 부하와 업무 면에서든 인간적인 부분에서든 신뢰관계를 유지하는 것은 물론 중요하다. 하지만 어쩌면 이것은 너무 당연하고 기본적인 일이다. 진정한 고수라면 신뢰를 이용하여 어떻게 하면 원하는 방향대로 구성원들을 이끌어갈 수 있을지 전략을 짜내는 사람이다. 신뢰를 관계가 아닌 조직운영의 묘로 활용할 줄 아는 리더들은 결국 인간심리를 읽어낼 줄 아는 사람들이다. 앞서 소개한 피그말리온 효과를 떠올려보라.

특히나 이는 리더가 자신이 채택하고자 하는 정책이 있다고 했을 때, 조직원들이 그것을 지지하도록 하는 방법으로 가장 큰 효과를 발휘한다. 혹은 조직원 개개인을 원하는 방향으로 개선시키고 싶을 때도 매우 유용할 수 있다.

이제 신뢰는 더 이상 인간관계의 문제를 이야기할 때만 등장하는 단어가 아님을 명심하라. 신뢰는 리더에게 더없이 좋은 유인책이며, 적재적소에 활용할 수 있는 최고의 전략이다.

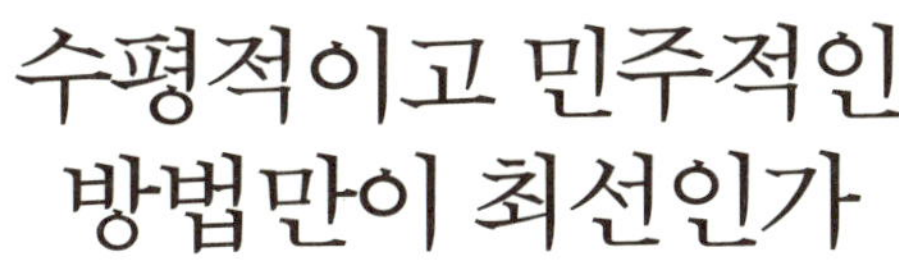

수평적이고 민주적인
방법만이 최선인가

검토하고 고민하라, 그리고 결정하라

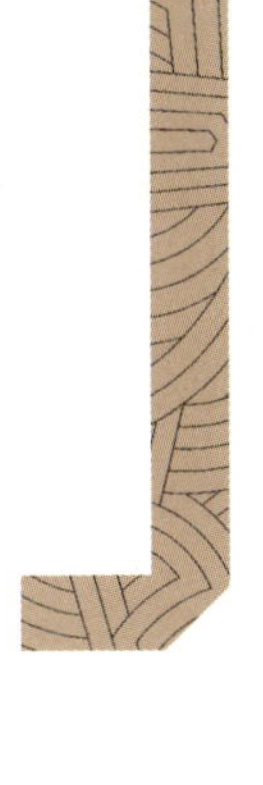

일찍이 게르만족은 무기제작과 관련 깊은 대장간 일을 중심으로 하면서, 특수하게 갈고 닦은 기예를 사용해야 하는 수공업을 별개의 부문으로 존중했다. 이후 중세시대를 거치면서 금속을 다루는 일 외에도 제빵업, 정육업, 목공업 등이 별도의 수공업분야로 등장했다. 그러다가 이들 중 상당 부분이 길드^{guild}(동업조합)체제로 발전해나갔다.

문헌에 등장하는 길드 중 독일에서 가장 오래된 것으로 1106년 결성된 보름스 어류상인단체를 꼽을 수 있다. 전설상으로는 마인

츠 방직업자단체가 1099년에 결성되었다고 하지만 그에 대한 역사
적 근거는 희박한 편이다. 이후 1128년 결성된 뷔르츠부르크 제화
업자단체 등 다양한 단체가 등장하게 된다.

엄격한 도제교육의 중심,
중세 길드

길드는 사망·질병 및 기타 재난이 발생할 경우 동료들에게 서
로 원조를 제공했고, 경제영역을 서로 보장해주었으며, 부조를 행
하는 것이 주요 역할이었다. 특히 길드 외부로부터 경쟁을 배제하
는 것이 이들의 주요미션이었다. 이를 위해서는 최저가격을 유지
하는 등 동료들 자신부터 각종 경쟁에서 제한을 받았다.

당연히 회원권자격이나 전체회원의 수도 엄격히 제한되었다. 특
히 길드의 회원인 장인[Meister]이 되기 위해서는 결혼도 하지 못한 채
청춘의 나날을 다 바쳐가며 기술습득에 헌신해야만 했다.

수련공에게는 달달 볶고 조이는 기나긴 생활이 이어졌다. 그들
에게는 자유로운 개인생활도, 삶의 여유도 없었다. 이들은 소정의
수업기간이나 일정한 고용기간 동안 장인의 집에 머물면서 식사를
비롯한 모든 생활을 함께해야 했다. 수련공들은 독신자 신분이었
기 때문에 고용주인 장인 집에 기거할 수 있었던 것인데, 이는 달

리 말하면 수련공이 한 명의 독립된 장인이 되기 전까지는 장가를 가지 못하고 노총각으로 늙어가야 한다는 것을 의미했다(역사학 용어로 '침식제Kost- und Logiswesen'라 불린 이 제도는 물론 업종별·시대별·지역별 편차는 있었다. 장인의 집에 기거하지 않고 결혼해 독립된 세대를 가지는 수련공이 아예 없던 것은 아니었다. 특히 18세기 건축업종에서는 결혼해 가정을 이루는 수련공이 적지 않았다고 한다).

다른 한편으로는 장인이 자신의 집에서 먹고 자는 도제와 수련공에 대해 기술이나 작업의 영역뿐 아니라 생활 전반에 걸쳐 지시와 통제를 하는 가부장의 지위를 지니고 있었음을 의미하기도 한다. 즉 단순히 수공업기술만을 가르치고 기량을 연마시킨다거나, 고용의 기회를 주고 노동의 대가를 임금으로 지급하는 수준을 넘어 일종의 부모 역할까지 수행했던 것이다.

도제와 수련공은 가장 정신적으로 예민한 시기인 청소년기에 가정과 부모를 떠나 낯선 곳에서, 그것도 엄격한 장인의 감시하에 살아야만 했다. 장인은 도제와 수련공이 향후 길드의 일원으로서 합당한 직업윤리와 명예, 긍지, 예절, 덕목 등을 갖출 수 있도록 몸소 모범을 보이고 훈계를 하면서 지도하고 교육했다. 즉 도제와 수련공이 무절제와 방탕, 도덕적 타락에 빠지지 않도록 적절한 행위규범을 부과하고 엄격하게 통제할 수 있는 권리 또한 장인에게 부여되었던 셈이다.

장인과 수련공의 관계는 계급이 아닌 세대적 관계

독일사회의 전통적인 도제수업에 대해 경제사가 구스타프 슈몰러Gustav von Schmoller는 "노동과 교육, 기술교육과 인성교육이 결합되었다는 장점이 있다"라고 말하며, "하나의 큰 교화력을 지닌 교습방법"이라고 평가했다.

이 같은 특성 때문에 장인의 일터에서 장인과 수련공의 관계는 임금노동을 축으로 한 소위 '계급적 관계'라기보다 수공업 내 계서제적인 신분체계에 따라 연령이나 직업지식, 경험 등이 큰 역할을 하는 '신분집단 사이의 관계' 측면이 컸다고 역사가들은 분석한다. 두 개의 계급이 아니라 두 세대가 존재한 것으로 보는 것이 타당하다는 시각이다.

한편으로는 각종 규제들이, 허가 없이 영업하는 수련공들의 불법행위를 제어하는 수단으로도 활용되었다. 독립된 장인들만이 가진 영업의 독점권이 침해되는 것을 방지하기 위해, 영업활동의 잠재적인 경쟁자인 수련공을 가내에 묶어두고 직접 통제하는 것만큼 효율적인 방법이 없었기 때문이다.

이런 제도가 유지될 수 있었던 것은 소정의 과정을 이수하고 직업적 기량을 인정받는 장인이 되기 전까지 지역공동체의 법과 길드의 준칙에 따라 결혼이 허용되지 않았던 수련공 특유의 신분적

상황이 한몫했다고 볼 수 있다. 이 같은 길드의 관습적 규제는 19세기 초까지 유럽 각지에서 광범위하게 유지되었다. 프랑스에서는 대혁명에 의해 수공업 길드조직이 폐지되었지만 수련공간의 단체적 습성은 그대로 남아 수공업자들은 또 다른 형태의 길드라 할 수 있는 '꽁파뇨나주compagnonnage'에 소속되었다.

독일에서는 19세기 초에 영업자유Gewerbefreiheit가 폐지된 프로이센을 제외하고는 상당기간 길드의 규제가 유지되었고, 결정적으로 폐지된 것은 1860년대에 이르러서였다. 심지어 1838년 목제조선 조합이 해체된 함부르크에서는 1897년에도 목제조선 장인들이 철제선 제작기술자를, 정통제작방식을 위협하는 무허가 수공업자라고 비난하면서 톱과 망치, 대패 같은 일반적인 목수연장으로 일하기를 고집하기도 했다. 이들은 수공업자로서 독자적인 작업리듬을 중시해 조선기술자들의 감독 아래 있는 것조차 거부했다고 전해진다.

일본전산 나가모리 사장의 호통 리더십

마냥 풀어주는 것만이 해법이 될 수 없다. 때로는 리더가 조이고, 닦달하는 것이야말로 조직이 잘 돌아가도록 만드는 미덕이 될 수 있음을 역사는 보여준다.

그래서일까. 자유로움과 창의성을 중시하면서 자율에 방점을 찍는 최근의 경영트렌드에서 빗겨나, 오히려 중세 길드조직 못지않게 조직원을 닦달하는 기업이 있어 화제다. 바로 일본의 강소기업, 일본전산日本電産이다.

일본전산은 하루 16시간을 근무해야 하는 이른바 '직장인의 지옥'으로 알려져 있다. 모터생산을 주력사업으로 하는 이 회사는 '즉시, 반드시, 될 때까지 한다'라고 하는 다소 구시대적인 문구를 슬로건으로 삼고 있다. 하지만 1973년 가정집 창고에서 시작해 40여 년 만에 140여 개 계열사에 13만 명의 임직원을 둔 그룹으로 성장한 눈부신 경력의 회사이기도 하다. 이 회사의 나가모리 시게노부永守重信 사장은 회사성장의 비결로 '삼류를 일류로 끌어올린 기업문화'를 꼽는 데 주저하지 않는다.

창업 초기 당연히 이름없는 회사였던 일본전산은 어쩔 수 없이 일류대학을 졸업하지 않았거나 특별한 능력을 갖추지 못한 이른바 '삼류' 인재를 뽑을 수밖에 없는 처지였다. 하지만 나가모리 사장은 그 속에서도 알맹이를 골라내는 나름의 기준을 세웠다.

그의 신입사원 채용방식은 유별났다. 자신감이 있는지를 보기 위해 '큰 소리로 말하기' 시험을 치르도록 했으며, 밑바닥 일을 할 수 있나 보기 위해 화장실청소를 시켰다. 심지어 포기하지 않는 투지를 알아보기 위해 오래달리기를 해보라고 했다.

채용 이후에는 무조건 불도저식으로 밀어붙였다. 머리 좋은 사람을 이기기 위해서는 배로 일하는 것이 당연하다고 생각한 그였다. 그래서 내놓은 것이 하루 16시간 근무였다. 보통사람들이 8시간 일한다고 가정했을 때 그것의 딱 두 배인 16시간을 일하도록 한 것이다.

나가모리 사장의 리더십은 소위 '호통리더십'으로 불린다. 실패한 일에 대해서는 눈물이 쏙 빠지도록 호통을 친다. 그는 "호통을 치려면 평소의 네 배나 되는 마음관리가 필요하다. 호통은 관심과 애정의 표현"이라고 강조한다.

도제식 교육, 호통리더십 모두 충분히 고려되어야

개인의 자유를 속박하는 중세의 도제식 교육에는 물론 장점과 단점이 모두 존재한다. 현대에도 이 같은 원리는 다르지 않게 적용된다. 조직을 자유롭게 운영하여 창의성을 키울 것이냐, 아니면 규제를 중시해 일사불란한 조직을 만들 것이냐 하는 고민이 생기는 것도 이 때문이다.

결론부터 말하자면 이 고민에 완벽한 정답은 없다. 연필을 굴려 상급자를 결정하고, 직원들이 불편해할까 봐 사장은 공장을 돌아

다니지 않는다는 일본의 미라이未来工業공업과, 밥 빨리 먹는 직원을 우선적으로 뽑고 직원들에게 호통 치는 것을 경영철칙으로 삼는 일본전산 모두 장기불황 속에서도 잘나가고 있기 때문이다.

나는 앞서 줄기차게 의사결정의 자유를 보장하고 민주적이며 수평적인 조직을 만들어야 한다는 사실을 강조했다. 대부분의 조직이 이런 방침을 지향해야 하며, 또한 이런 성격을 가진 조직이 미래에 성공할 가능성이 더 높을 것이라는 생각에는 여전히 변함이 없다.

하지만 중세의 도제식 교육이나 일본전산의 호통리더십이 조직원의 잠재력을 뽑아내는 데 나름대로 효과를 발휘한다는 사실만큼은 부인할 수 없을 것 같다. 세상에 유일한 왕도는 없는 셈이니까.

중요한 것은 조직의 체질과 조직원들의 성향, 리더 자신의 성격을 모두 감안하여 나름의 원칙과 방향을 세우는 것이다. 그러한 고민의 과정에서 이러한 중세 길드와 일본전산의 사례 역시 충분하게 고려되어야 함은 물론이다. 성공은 결국 고민하는 자의 몫이다.

5

도약

요즘은 자주 언급되지 않지만 한때 미국의 경제사가 로스토우^{Walt Whitman Rostow}의 5단계 경제발전단계설이 일종의 '상식'처럼 여겨지던 때가 있었다. 전통적 사회와 선행조건충족단계, 도약단계, 성숙단계, 고도대중소비단계로 경제성장과정을 나눈 로스토우는 특히 도약단계^{take-off}를 중시했다. 한 사회(혹은 국가)의 경제발전수준을 근본적으로 바꿔 근대화를 이루는 획기적인 시기로 보았기 때문이다.

 도약이라는 것은 말 그대로 새가 처음 날기 시작하는 순간에 해당한다. 새가 중력의 속박으로부터 자유로워지기까진 엄청난 고통과 장애가 없을 수 없다. 시간도 오래 걸린다. 하지만 일단 도약하고 난 다음부터는 시야가 달라진다. 처음 나는 게 어렵지 일단 공중에 오른 뒤에는 좀더 높이, 좀더 빨리 나는 것이 한결 수월해진다. 물론 날갯짓을 멈춘다면 추락할 수밖에 없을 테지만.

사람도 마찬가지다. 마냥 탄탄대로만 걸을 수는 없다. 삶의 순간순간, 위기는 어디에서나 나타난다. 일상에서는 물론이고 사회생활을 할 때에는 더더구나 위기를 맞이하는 것이 필연과도 같이 느껴진다.

 파란만장한 사건의 연속인 역사에서는 대체 위기를 어떤 식으로 바라보았고 또 어떻게 넘길 수 있었을까. 그리고 어떻게 한 차원 높은 수준으로 사회를 발전시켰을까. 저마다 서로 다른 생각과 개성을 지닌 인물들의 머릿속에서 그리고 그들이 속했던 특별한 환경 속에서 탄생한 위기관리의 묘책, 도약의 비기들은 그 자체로 흥미롭지 않을 수 없다.

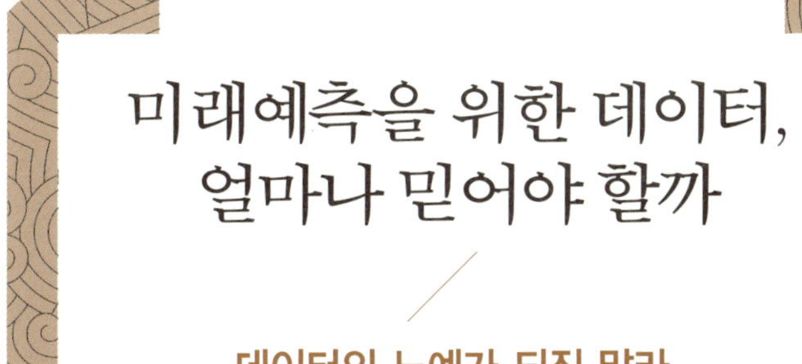

미래예측을 위한 데이터,
얼마나 믿어야 할까

데이터의 노예가 되진 말라

흔히들 일본의 국민성을 '현미경 같다'라고 평가한다. 이처럼 세밀하고 치밀한 일본의 국민적 특성은 일상생활은 물론 스포츠, 학술, 예술분야에까지 광범위하게 반영되어 있다.

현미경과 같은 분석력을 바탕으로 일본은 소위 '스몰볼small ball (조직력 중심의 야구. 홈런이나 장타를 칠 수 있는 스타선수 중심으로 경기의 실마리를 풀어가는 빅볼big ball과 반대되는 개념으로, 선수단 전체가 번트, 도루, 진루타 등을 만드는 조직력으로 승부한다)' 전략을 펼쳐 세계적인 야구강국으로 거듭났다. 일본축구는 미드필드에서 아기자기하게 패스로 게임을 풀어가는 것을 이상으로 삼는다. 일본바둑도 중원에서의 꼼꼼한 집 싸움에 집착하는 편이다. 일본저자들이 쓴 서적은 또 어떠한가. 그 야말로 놀랄 만큼 상세한 기록과 수준급의 꼼꼼한 데이터가 제시 되는 경우가 많다.

이렇듯 방대한 데이터와 철저한 분석은 일본의 국민성이 가진 커다란 강점이기도 하지만 여기에도 문제는 있다. 보통 데이터가 가르쳐주지 않는 돌발적인 위기상황이 닥쳤을 때는 대응능력이 현 저히 떨어지기 때문이다. 스포츠경기만 보더라도, 준비는 좀 설익 은 듯해도 일단 강력한 의지로 밀어붙이는 한국에 일본이 발목 잡 히는 경우가 의외로 많은 것을 알 수 있다.

지독할 정도로 세분화에 집착하는
일본인들의 성향

일본인들이 거의 모든 분야에서 현미경적인 분석에 집착하는 이유는 무엇일까?

서구인의 시각에서 일본인의 세분화 문화를 유심히 살펴본 대표 적인 학자인 루스 베네딕트Ruth Fulton Benedict의 의견을 살펴보자. 오늘 날의 시각으로 보면 분명 논란의 여지도 존재하지만, 제2차 세계대 전 당시 일본인들의 '이해할 수 없는' 행동을 이해하고자 했던 이

미국학자의 선구적인 업적은 결코 과소평가될 수 없을 것이다.

베네딕트의 저서 《국화와 칼*The chrysanthemum and the sword*》에서 가장 유명한 부분 중 하나인 '만분의 일의 은혜를 갚음'이란 챕터를 보면, 은혜를 뜻하는 일본어 단어 '온恩'에 대한 소개가 큰 비중으로 등장한다. 그에 따르면 은혜가 세분화될 뿐만 아니라 그에 대한 갚음 역시 종류별로 나뉘며 철저하게 계산되는 것이라고 한다.

일본인들에게 온은 일종의 수동적으로 입는 의무다. 천황으로부터 받는 온은 '고온皇恩'이다. 양친으로부터 받은 온은 '오야노온親の恩'이다. 주군으로부터 받은 은혜는 '누시노온主の恩', 스승으로부터 받은 은혜는 '시노온師の恩'으로 각각 나뉜다.

한편 이런 온을 받은 부하는 상사에게 일종의 빚을 진 셈인데, 이 빚 역시 세분된다.

우선 아무리 노력해도 갚을 수 없으며 시간적으로도 한계가 없는 의무인 '기무義務'가 있다. 기무는 다시 천황에게는 '주忠'로, 양친과 조상에게는 '고孝'로, 자신의 일에 대해서는 '님무任務'로 갚는 식이다. 반면 받은 만큼만 갚고, 시간적으로도 제한된 부채인 '기리義理'가 있다. 이 기리 역시 주군과 근친, 타인, 먼 친척에 대한 의무 등으로 나뉜다. 사람으로부터 모욕이나 편잔을 받았을 때 그 오명을 씻는 의무인 '명名'에 대한 기리도 따로 있다.

우리도 어느 정도는 은혜를 구분해 생각하지만 일본 정도로 그 구분이 철저하고 상세한 것 같지는 않다. 은혜의 무게에 대한 감각

■ 가미가제 특공대를 실은 비행기 ⓒ Wikimedia Commons

역시 달라 보인다.

베네딕트는 이 같은 상사에 대한 일본인들의 기무, 기리가 무조건적이라고 평한다. 자연스레 베네딕트는 가미가제 특공대의 자살돌격이 이 같은 무조건적인 일본인의 의무감, 의리감의 표현이라고 보았는데, 그 해석의 옳고 그름을 평가하기에 앞서 일본인들의 세분화 습성 그 자체에 혀를 내두르지 않을 수 없다.

많은 역사학자들은 이 같은 일본인의 습성이 섬나라이기 때문에 경작지가 작을 수밖에 없는 환경적 요인, 여기에 도쿠가와 막부 이래 신분이동 상황이 제한되어 있었다는 점 등이 결합되어 나타나는 것이라고 분석한다. 좁은 농경지에 많은 사람들이 모여 살던 일본에서는 제한된 식량을 활용하기 위해 어쩔 수 없이 강력한 신분질서가 생겨났다.

이러한 신분질서는 필연적으로 계층사회를 만들었다. 계층사회가 유지되기 위해서는 계급의 사회화가 필수적이었고, 계급이동은 극도로 제한될 수밖에 없었다. 이런 일본사의 특수성이 일본인의 세분화 습성을 만들었다는 설명이다.

세분화 성향은 시간을 가로질러 사회전반으로 퍼져나가고

움직일 수 없는 신분질서의 틀 속에서 개인이 나아가야 할 성취의 방향은 자기가 속한 집단 속, 즉 주어진 조건 안에서 가능한 최고치를 추구하는 것뿐이었다. 칼을 만드는 장인이라면 신분변동이 불가능한 만큼 성공하기 위해 가장 좋은 칼을 만들 수밖에 없었고, 마찬가지 이유로 라멘왕, 초밥왕이 나올 수밖에 없었다는 분석이다. 일본의 대표적인 특성으로 불리는 철저한 장인의식과 직업윤리가 실은 신분이동이 불가능한 계층적인 지배질서가 낳은 산물인 셈이다.

이를 두고 저명한 일본사학자 라이샤워Edwin Oldfather Reischauer는 '일본사회는 목표를 지향하는 사회이고 한국이나 중국은 지위를 지향하는 사회'라고 설파했다. 피터 두우스Peter Duus 스탠퍼드대학 교수는 이에 대해 구체적인 설명을 내놨다. 그는 '일본에서는 1800년대 초반까지 사무라이 자손은 사무라이로, 평민의 자손은 평민으로 세습되었는데, 이 점이 바로 신분이 능력이나 덕행과 어느 정도 연결되던 중국과 다른 점'이라고 지적했다.

일본사회에서 신분고착화가 본격적으로 진행된 것은 전국시대부터였다. 당초 농사와 군사가 분리될 수 없었던 초기 무사사회에서는 병사와 농민 간의 구분이 명확하지 않았다. 영주에 대한 충성은 농민에게도 요구됐다. 하지만 전국시대에 이르러 잘 훈련된 오다 노부나가織田信長의 직업부대에 의해 일반군대가 무참하게 패배하면서 농사와 전투 간의 분업이 전문적으로 시작되었다.

이어진 노부나가-히데요시 시대에서는 수공예업과 교역이 발전하면서 농공상의 세 가지 계급으로 계급이 세분화되고, 도요토미 히데요시豊臣秀吉는 계급 간 이동을 금지하는 세습신분제를 확립하기에 이른다.

이후 사농공상의 계급분리는 도쿠가와 시대 내내 지속되면서 좀 더 정치精緻해졌다. 구체적으로 살펴보면 도쿠가와 막부시절에는 의사와 화가, 승려 등에 대한 세분화가 법으로 규정되고 역曆이나 점卜易을 올리는 음양사마저도 세분화되어 조직된다.

이 같은 일본인들의 삶과 직업의 세분화 및 이동불가능성은 근대화과정에서 서양열강을 따라잡아야만 했던 일본의 후발성과 맞물리면서 더욱 증폭되었다. 일본정부가 근대화과정에서 소수의 핵심집단을 선정해 집중투자하며 전문성을 키워나가는 전략을 취했기 때문이다.

근대화과정에서 일본정부는 소수의 기업을 편애하면서 특혜를 베풀었는데, 이는 메이지유신 이래로 구미의 선진제국에 뒤처지지 않는 최고의 군사력과 최상급산업을 보유하기 위한 전략에서 나온 조치였다. 저명한 경제학자 모리시마 미치오森嶋通夫의 표현을 빌리면 '일본은 산업계에 대표팀을 구성해 이들에게 특별훈련을 시켜

일류로 만든 뒤, 팀의 규모를 확대해가는 방식'을 취했다. 이는 세계수준에 도달할 만한 작은 핵들을 만들어, 이를 바탕으로 짧은 시간 안에 국가 전체가 세계수준에 도달하도록 만드는 방법이었다는 시각이다.

이와 같이 선택과 집중을 하는 데는 당연하게도 현미경 같은 세밀한 분석과 판단이 필요했을 것이다. 이는 곧 데이터를 꼼꼼하게 분석하는 습성이 일본의 대표적인 특징으로 자리 잡는 데 일조하게 되었다.

데이터 중심 사고의 치명적인 함정

하지만 이처럼 데이터를 중시하는 문화에도 단점은 있게 마련이다. 데이터라는 것은 오로지 과거의 패턴만을 보여준다. 이것은 데이터가 가진 근본적인 한계일 수밖에 없다. 게다가 데이터라는 것은 진실의 일단만을 보여줄 뿐이지 진실 그 자체를 뜻하지는 않는다. 실제로 '통계로는 무엇이든 증명할 수 있다'는 말처럼 데이터는 코에 걸면 코걸이, 귀에 걸면 귀걸이 식으로 이용 혹은 악용되기 십상이다.

따라서 데이터에만 함몰될 경우 시야가 좁아지는 것은 물론, 창의적이고 참신한 생각을 끄집어내기가 힘들어진다. 여기에 정해진 패턴을 벗어난 새로운 위기상황이 도래하게 되면, 이 위기에 어떤 식으로 유연하게 대처할 수 있을지 여유롭게 생각하지 못한다. 그 저 당황한 나머지 데이터만 들여다보다가 자칫 일을 그르칠 가능 성이 높다.

일본의 세계적인 자동차기업 도요타를 보라. 도요타는 세분화된 생산시스템을 철저히 지켜가며, 일본식 데이터 중심문화를 바탕으 로 한 경영방식을 자랑해온 세계 최고의 기업 중 하나였다. 그런데 지난 2010년 미국에서 대규모 리콜사태를 맞이하여 맥을 못 추고 순식간에 무너지는 모습을 보이고 말았다.

전 세계경제를 충격에 빠뜨린 이 사건을 보고 크게 겁을 먹은 일 본기업들은, 이후 위기관리대책을 새롭게 수립하기에 이른다. 아 무리 완벽해 보이는 체제라 하더라도 리스크요인이 언제, 어떻게, 무슨 모습으로 나타날지 모르는 상황에서는 아무 쓸모가 없다는 사실이 증명된 셈이었다.

특히나 이런 문화는 위기가 닥쳤을 때 더욱 더 그 취약성을 드러 내게 마련이다. 현대사회는 언제나 위기상황에 놓여있다. 왜냐하 면 불확실성이 지배하고 있기 때문이다.

언제 어떤 변수가 작용하여 무슨 일이 생길지 모르는 상황에서 는 데이터에 지나치게 의존하는 것보다 순발력을 키우는 게 중요 하다. 사람과 사람 사이에 가장 중요한 것은 신뢰가 분명하지만,

사람과 데이터 사이에는 신뢰보다 다른 가능성에 대한 열린 시각
이 더욱 중요하다. 데이터에 매몰되는 순간, 우리는 데이터가 놓치
고 있는 엄청나게 많은 위험 속에 고스란히 노출된다는 사실을 결
코 잊지 말아야 한다.

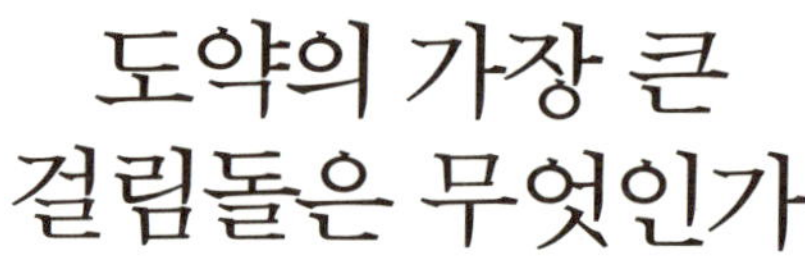

도약의 가장 큰
걸림돌은 무엇인가

고정관념은 진실조차 외면하게 한다

구멍 뚫린 쟁반, 거미 모양의 레몬즙 짜개, 새소리가 나는 주전
자……

이탈리아 주방용품업체 알레시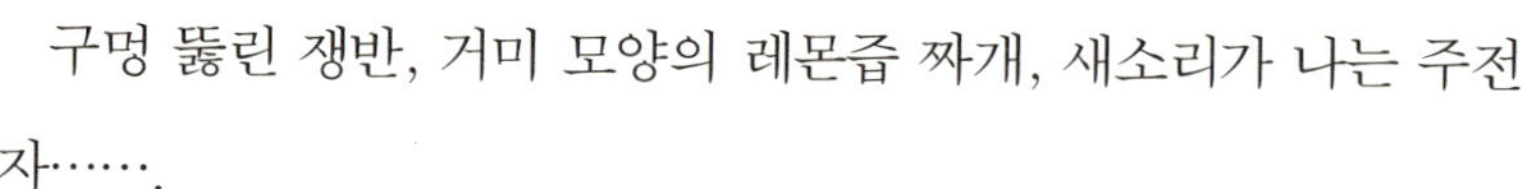에 대해 들어본 적 있는가?

이 기발한 제품들을 선보인 업체가 바로 알레시이다. 이 회사에
는 '실패박물관'이라는 것이 있다. 이는 출시 후 크게 실패했던 제
품들을 전시해놓는 곳이다. 그야말로 고정관념을 깬 신선한 발상
인 셈인데, 이곳을 둘러보면 예술작품인지 아닌지 헷갈릴 정도로
파격적이면서도 아름다운 제품들이 전시되어 있다.

주방용품을 넘어 예술품이 된 알레시의 제품들

알레시의 제품을 처음 본 사람들은 그것이 주방용품이라 생각지 않고 그저 인테리어용품이라고만 생각한다. 독특한 디자인 때문이다. 그런데 놀랍게도 이 회사에는 디자이너가 없다. 제품디자인은 모두 외부에 있는 전문디자이너에게 맡긴다.

창업자의 손자인 알베르토 알레시 Alberto Alessi는 1970년 경영에 참여하자마자 사내디자이너를 모두 없앴다. 1980년 CEO로 취임하기 10년 전의 일이었다. 알베르토는 "세계적인 디자이너들과 함께 주방용품을 뛰어넘는 예술작품을 내놓고 싶다"라고 자신의 의견을 밝혔다.

이후 알레시에서는 사내 디자이너가 사라진 대신, 세계적인 유명디자이너 200여 명이 새로운 파트너가 되었다. 이는 디자이너가 직원이 되는 순간, 자유롭게 아이디어를 내가며 디자인작업을 할 수가 없을 것이라는 CEO의 판단에서 내려진 조치였다.

알레시에는 회사 고유의 디자인도 없다. 그저 디자이너들이 갖고 있는 다양한

■ 알레시의 와인 오프너와 주전자
http://www.alessi.com/en/

철학을 알레시라는 큰 그릇에 담아내기만 하면 된다는 것이 이 회사의 생각이다. 주둥이가 볼록하지 않고 매끈한, 물이 끓어오르면 새가 지저귀는 소리가 나는 주전자 역시 그렇게 등장했다.

이 작은 주방용품업체는 디자인업체로 변신하면서 연매출 1억 3,800만 유로(약 2,000억 원)의 판매고를 올리는 알토란 같은 기업으로 급성장했다. 알레시의 제품은 이제 60여 개국에서 팔린다. 프랑스의 산업디자이너 필립 스탁Philippe Patrick Starck은 "알레시는 주방용품업체가 아니다. 사람들에게 행복을 파는 디자인 기업"이라고 평가하기도 했다.

고정관념과 자만은 상상력을 해친다

완벽한 발상의 전환을 발판으로 삼아 전혀 다른 성장국면으로 새롭게 도약한 알레시와 달리, 고정관념을 떨치지 못해 큰 피해를 본 이들도 우리 주변에는 늘 존재한다. 9 · 11 테러 당시 미국의 정보기관 역시 그러했다. 이들은 충분히 막을 수 있었던 대형참사를 지나친 자기확신으로 인해 놓치고야 말았다.

미 의회에 보고된 9 · 11 테러 진상보고서에 따르면 9 · 11 사태 이전부터 CIA, FBI 같은 미국의 정보기관들은 방대한 테러 관련정보들을 모아 축적하고 있었다고 한다. 그런데도 수집한 정보를 효과적으로 걸러내 유의미한 신호를 감지하지는 못했다.

이 같은 구멍이 발생한 원인에 대해 900쪽짜리 공식보고서가 내놓은 핵심결론은 '상상력의 부재'였다. 즉 '단순한 무기만 지닌 테러조직이 첨단기술로 무장한 미국본토를 동시다발적으로 공격할 리 없다'라고 하는 고정관념과 자기확신에 사로잡혀 있었기 때문이라는 것이다. 미리 생각의 범위를 한정지어 놓으니 항공기를 이용하여 월드트레이드센터를 공격할 거라고는 전혀 상상치도 못했다는 이야기이다.

고정관념과 자만은 다시 말해 '나만 옳다'는 생각과 상통한다. 두말할 것도 없이 이러한 생각은 모두에게 독이 될 수 있다. 자신만 해를 입는 데서 끝나는 것이 아니라 주변인들에게까지 큰 피해를 주는 것이다. 9·11 테러는 이를 증명하는 가장 끔찍한 사례임이 분명하다.

손만 씻었더라도 괜찮았을 일

고정관념에 사로잡히는 순간, 바로 눈이 멀고 위험은 현실로 다가온다. 역사를 살펴봐도 고정관념으로 인해 인류의 생명을 좌지우

지할 의학의 발전이 가로막히는 등 아찔한 순간이 왕왕 있어왔다.

아무리 의학이 발달한 현대사회라고 해도 우리가 각종 괴질과 전염병에 대한 공포로부터 완전히 해방된 것은 아니다. 불과 몇 년 전만 해도 신종플루 공포가 사회를 뒤덮은 적이 있었다. 이런 일이 생길 때마다 매스컴에서는 손을 자주 씻으라는 대책을 내놓곤 한다. 무슨 병인지와 상관없이 사람 많은 곳에는 가지 말라는 이야기와 함께 손을 잘 씻어야 한다는 것이 전가의 보도처럼 활용되고 있는 것이다.

지금이야 거의 모든 사람들이 손 씻기가 위생의 기본이라는 것을 잘 알고 있고, 병원에서도 의료진들이 손을 씻는 것은 기본 중의 기본으로 인식되어 있는 상황이다. 하지만 이처럼 손 씻기가 의료계에 도입된 것은 불과 150여 년 남짓밖에 되지 않았다고 한다. 정원사가 손에 흙이 묻은 걸 더럽다고 생각하지 않는 것처럼, 의사 역시 손에 묻은 피와 고름을 더럽게 여기지 않았던 고정관념 탓이었다.

서구사회에서는 산모의 사망원인 1순위로 꼽히는 산욕열産褥熱, puerperal fever(출산과정에서 생긴 상처에 세균이 침입하여 고열을 일으키는 질병)이어서 사라지는 게, 모든 산모와 산부인과의사들의 오랜 바람이었다. 이에 대해 1847년 부다페스트 출신 독일계 의사인 이그나츠 제멜바이스Ignaz Philipp Semmelweis는 간단한 처방책을 제시했다. 바로 의사들이 손을 씻어야 한다는 것이었다.

그의 조언을 따른 병원에서는 산욕열로 인한 사망률이 18퍼센트에서 무려 1퍼센트로 줄어들었다. 하지만 제멜바이스의 조언은 그가 살아있는 동안 대부분의 병원에서 채택되지 않았다. 1850년대까지도 의사와 간호사들은 제멜바이스의 충고를 공개적으로 무시했고, 산모들은 끊임없이 죽어나갔다.

제멜바이스의 처방이 이처럼 의사세계에서 받아들여지지 않았던 것은 의사들의 난해한 철학 내지 끈질긴 고집 때문이었다. 의사 자신이 병을 옮기는 존재일 리 없다는 자신감 그리고 의사 손에 묻은 피는 더럽지 않다는 당시의 신념이 손 씻기 보급을 가로막았던 것이다.

어쩌면 오늘날의 병원도 이런 상황에서 완전히 벗어났다고 말하기는 힘들지도 모른다. 의학사가 줄리 펜스터Julie M. Fenster는 제네바 병원에서 직원들이 평소 손 씻는 비율을 알아보니 고작 48퍼센트에 지나지 않았고, 듀크대 의대 직원들을 대상으로 한 조사에서도 비슷한 결과가 나왔다고 증언했다.

버지니아대 통계에 따르면 '병원 내 감염'이 전체 사망원인 중 심장병, 암, 뇌졸중, 폐렴·인플루엔자에 이어 다섯 번째 자리를 차지한다. 과연 오늘날 한국의 병원들은 어느 정도 수준일지 절로 의심이 가지 않을 수 없다.

산욕열의 원인을 찾느라 동분서주한 제멜바이스

제멜바이스가 손 씻기 비급을 발견한 것도 결코 쉬운 일은 아니었다.

19세기 중반 세계 최고의 설비를 갖췄다는 빈의 종합병원인 '알게마이네 크랑켄하우스Allgemeine Krankenhaus(발음만 보면 무엇인가 있어 보이지만, 실은 일반병원, 종합병원이란 뜻이다)'에서는 산부인과 진료가 두 군데에서 나뉘어 진행되고 있었다. 하나는 남자의과대학 학생들이 진찰과 진료를 하는 제1병동이었고, 다른 하나는 여자조산원들이 진료와 진찰을 하던 제2병동이었다. 커다란 강당을 사이에 둔 두 병동은 동일한 치료법을 사용했는데도, 제1병동의 사망률이 제2병동에 비해 무려 세 배나 높았다. 두 병동 간에 산욕열의 발병률 차이가 비정상적으로 커지면서, 산모들의 생존율 또한 극명하게 엇갈리기 시작했다.

의사들은 당시 과학의 힘으로는 설명할 수 없는 어떤 저주가 제1병동에 작용한다고 믿었다. 그때부터 제2병동을 배정받은 산모들은 미소를 띠며 병동으로 걸어갔지만, 제1병동을 배정받은 산모들은 무릎을 꿇고 두 손을 간절히 모아쥔 채 제2병동으로 보내달라고 애원하게 되었다.

미생물이란 것이 있다는 것만 알고 있었지 그것이 위험하다고는 도저히 생각지 못했던 당시 의사들은, 발병환자 절반 이상이 죽는 산욕열에 대해 제대로 아는 것이 없었다. 발병원인에 대한 이론도 제각각이었다. 이에 교수나 학생 모두 혼란스러워했다.

또 당시 의료환경에서는 병원에서 일하는 이들이 신체조직을 심각하게 훼손하는 것을 두려워하지 않았다. 신체의 일부가 찢기고 갈라져 수술실 바닥에 피가 줄줄 흘러도 대부분 대수롭지 않게 여겼다. 환자들의 피가 튄 옷과 가구, 마룻바닥을 의사들은 최소한 하루 동안 방치했다.

이 같은 이유로 의사의 더러운 손이 산욕열을 전염시킬 것이라고는 꿈에도 생각하는 이가 없었다. 따라서 산욕열 환자를 진료하는 의사나 간호사들 중에 자신의 몸과 옷을 깨끗이 씻어야 한다고 생각하는 사람도 없었다.

이러한 상황에서 제멜바이스는 제1병동과 제2병동 사이의 차이점을 찾으려고 동분서주했다. 그러던 중 그가 주목한 것은 미숙아를 낳은 산모들의 산욕열 발병률이 낮다는 점이었다. 병원에 오던 도중 아이를 낳은 산모들의 경우에는 거의 산욕열에 걸리지 않았던 것이다. 한편 빈의 최하층 여성들은 병원에서 아이를 낳고 싶어했지만 대부분 침대를 배정받지 못하고 병원마당이나 복도에서 출산했는데, 역시 산욕열에 거의 걸리지 않았다. 본인의 의지와 관계없이 병원침대를 피하는 순간 산욕열도 피할 수 있었던 셈이다. 산욕열은 병원과 관계가 있는 것이 분명했다.

때마침 제멜바이스의 동료의사가 산욕열로 죽은 환자의 시체를 검시하다 칼에 베었고, 산욕열과 유사한 증상으로 죽게 되었다. 아직 박테리아의 존재가 밝혀지지 않은 때였지만, 이를 목도한 제멜바이스는 '의사가 시체를 만지다 산모에게 가서 진료를 하게 될 때, 사체에 있던 어떤 물질이 산모의 혈관으로 흡수되어 산욕열이 발생하는 것은 아닐까' 라는 생각을 하기에 이르렀다.

사체의 물질을 발견하고도 의료계에서 외면받다

결국 '사체의 물질'이라 이름붙인 미지의 물질이 산욕열의 원인이라 생각하게 되니, 제1병동과 제2병동의 사망률 차이가 왜 생겨나는지 그 원인이 명확해졌다. 제1병동에서는 남자의사와 의과대학생들이 산욕열로 인해 사망한 사체를 검시하지만, 제2병동 여자조산원들은 그러한 작업을 하지 않았다. 게다가 의과대학생들은 검시를 하다가 손도 제대로 씻지 않고 곧바로 환자를 진료하는 것이 당시의 관행이었다.

이에 따라 1847년 제멜바이스는 의과대학생들에게 병실에 들어가기 전에 소독세제로 손을 철저히 씻으라고 지시한다. 염소를 첨가한 석회수에 무조건 손과 장비를 꼼꼼히 깨끗하게 씻도록 한 것이다. 손을 깨끗하게 씻자는 제멜바이스의 지시가 제대로 지켜진 1848년에 제1병동의 산욕열 발병률은 1.27퍼센트로 현저히 줄어들었다. 1846년의 11.4퍼센트에 비하면 그야말로 엄청난 변화였던 셈이다.

하지만 이 같은 손 씻기 비급은 당시 의사들에게 철저히 거부당했다. 19세기 초 의사들은 사체의 물질이 자신의 손에 묻어있는 것을 더럽다고 생각지 않고 오히려 명예로운 훈장쯤으로 여겼다. 게다가 자신이 최고라고 생각하는 의사들의 머릿속에는 자신이 병을 옮기는 존재일 수 있다는 인식이 비집고 들어갈 틈이 없었다. 무엇보다 당시는 세균감염에 대해 잘 알려지지 않았던 시기여서 의사들은 병이 땅이나 다른 원천에서 스며 나오는 독기 때문에 발생하는 것이라 생각했다.

결국 원장의 눈 밖에 난 제멜바이스는 1849년 좌천되고 말았다. 그의 후임자는 안타깝게도 손 씻는 규칙을 폐지해버렸다. 제멜바이스는 이후 계속 한직을 떠돌다 마침내 1850년에 해고당하여 동료들에게 작별인사도 하지 못한 채 고향으로 돌아가야 했다.

제멜바이스는 빈에서 쫓겨나고 10년 후 자신의 주장을 설파한 책을 썼는데, 이는 거의 읽히지 못했다. 그 책의 첫 영어번역본이 나온 것은 100여 년이나 지난 1983년이었다.

제2, 제3의 제멜바이스가
필요하다

제멜바이스의 이야기를 보면 당대 최고의 엘리트 중 하나인 의사라는 이들이 이토록 무지하고 어리석을 수 있는 것인지 황당할 지경이다. 손을 씻자 산모들의 사망률이 떨어졌던 분명한 근거가 있는데도 이를 애써 외면한 것은 그야말로 그들의 오만과 독선 때문이라는 데 이견이 없을 것이다.

이러한 이들 때문에 어찌 보면 역사의 진보가 이다지도 더딘 것인지 모르겠다. 아주 조금만 지나고 보면, 아니 한 발짝만 떨어져 보면 확실히 보이는 진실을 고정관념에 사로잡힌 인간들은 정말로 쉽게 외면해버린다.

그럼에도 불구하고 역사가 발전해왔던 것은 바로 제멜바이스처럼 고정관념을 버리고 문제의 해결책을 찾기 위해, 진실을 발견해내기 위해 동분서주하는 사람이 있었기 때문일 것이다. 그의 새로운 발상과 단단한 집념 덕에 의학의 역사는 힘겹지만 한 걸음 더 앞으로 전진할 수 있었다.

이쯤에서 우리가 던져야 할 질문은 이런 것이다.

우리 자신은 과연 제멜바이스와 같이 일체의 고정관념으로부터 자유로운 인간일까? 인류의 역사가 진보하는 데 기여할 아이디어를 낼 수 있는 사람일까?

조직의 리더들에게는 여기에 한 가지 질문이 더 추가될 것이다.

우리 조직은 제멜바이스와 같은 인재를 우대하고 있는가? 조직의 권위를 손상시키는 한이 있더라도 더 나은 해결책을 찾느라 매진하는 인재를 여전히 품고 갈 수 있는 포용력과 배짱이 있는가?

대답은 자신만 안다. 하지만 그 대답의 결과는 역사의 흐름 속에서 언제든 드러날 것이다.

도약의 가장 중요한 조건은 무엇인가

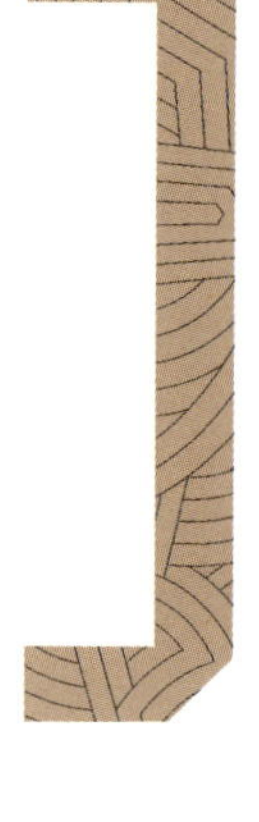

바람이 불지 않으면 노를 저어라

폴란드경제는 오랫동안 '낙후'의 대명사였다. 폴란드인들은 부유하고 강대한 이웃인 독일인들에 비해 게으르며, 폴란드의 허점투성이 정부가 늘상 경쟁력을 갉아먹는다고 여겨졌다.

하지만 2008년 글로벌 금융위기 이후 폴란드의 위상은 180도 달라졌다. 리먼브러더스Lehman Brothers Holdings Inc. 파산과 유로존의 재정위기 여파에도 아랑곳하지 않고 폴란드경제는 순항하고 있다. 이제는 오히려 폴란드인들이, 독일을 포함한 다른 유럽연합EU 국가 노동자들이 게으르다며 큰소리치는 상황이 됐다. 폴란드인들은 자국

의 고속성장요인을 두고, 폴란드노동자들이 그 누구보다 열심히
일할 뿐 아니라 인건비가 서유럽국가에 비해 크게 싸다는 점을 꼽
는다. 한마디로 폴란드인들의 피와 땀이 경제도약을 이끌었다는
것이다.

폴란드식 경제
= 혼돈과 무질서

과거 독일인들은 폴란드를 비하할 때 쓰는 '폴란드식 경제
Polnische Wirtsschaft'라는 말을 서슴없이 사용했다. 이는 제대로 돌아가
는 것이 하나도 없는 혼돈상태를 가리킬 때 사용하는 표현이었다.
헬무트Helmut Kohl 전 서독총리가 마거릿 대처Margaret Thatcher 전 영국총
리와 대화 도중 이 말을 무심히 뱉는 바람에 외교문제로 비화된 적
이 있을 정도로 널리 쓰이는 말이었다.

이 단어는 17~18세기 프로이센이 빠른 속도로 발전하면서 이웃
폴란드에 대해 "우리는 너희와 달라"라는 우월감 섞인 인식을 갖
게 되면서 등장했다. 당시 프로이센은 오늘날 폴란드영토의 한가
운데인 그단스크Gdansk(독일명: 단치히Danzig)를 포함하는 동프로이센을
영토로 갖고 있었다. 따라서 폴란드와의 비교가 전혀 낯선 것이 아
니었다.

특히 독일이 빠른 속도로 발전하는 반면, 폴란드지역은 낙후성을 벗어나지 못하면서 폴란드식 경제란 표현이 폴란드를 비하하는 용어로 널리 퍼지게 되었다. 이후 시대에 뒤처진 폴란드와 선진적인 독일의 대비되는 이미지는 19~20세기 동안 끊임없이 확대 재생산되었다.

이 문제에 오랫동안 천착해온 학자 후베르트 오를로프스키[Hubert Orlowski]에 따르면 폴란드식 경제라는 표현은 독일의 학자이자 여행가였던 게오르그 포스터[Georg Forster]가 1784년 12월에 쓴 편지에 등장하면서 빠르게 확대되었다고 한다. 이어 이 표현은 독일의 식자층 사이에서 무질서와 혼동, 실수, 무기력함, 경쟁력상실, 비효율 등과 동의어처럼 사용되었다. 그 후 독일사회에 널리 퍼지기 시작해 1863년 6월 한 신문에서는 '왜소한 반동주의자'의 형태로 의인화되기까지 했다.

독일 계몽주의자들에게 있어 폴란드식 경제는 전근대사회의 구습을 유지하고자 안간힘을 쓰는 폴란드 귀족층의 시대착오적 몸부림을 한마디로 요약하는 표현이었다. 나의 우월성과 상대의 열등성을 표현하는 방법으로 폴란드식 경제라는 한마디를 외치면 끝이었던 것이다.

이어 제국주의시대를 맞이하면서 폴란드식 경제는 프로이센과 독일의 특수한 발전상을 부각시키는 용어로 널리 활용됐다. 규율이 살아있고, 질서 잡혔고, 근면하고, 검약이 몸에 뱄으며, 깨끗한

독일의 특성을 부각시키기 위해 낙후되고 게으른 폴란드의 이미지
가 선택되었던 셈이다.

이에 따라 폴란드식 경제라는 용어를 거침없이 사용했던 명사들
중에는 칼 마르크스와 프리드리히 엥겔스Friedrich Engels, 오토 폰 비스
마르크Otto von Bismarck, 칼 폰 클라우제비츠Carl von Clausewitz 등 대사상가
와 정치가 등이 총망라됐다. 독일의 민족주의정신을 고양시켰던
에른스트 모리츠 아른트Ernst Moritz Arndt나 구스타프 프라이탁Gustav
Freytag, 하인리히 폰 트라이치케Heinrich von Treitschke 등도 전형적인 폴란
드인의 이미지를 구축하며 공격적으로 폴란드식 경제란 표현을 쓰
기 시작했다.

이 표현의 영향력은 막강해서 칼 폰 로테크Karl von Rotteck 같은 자유
주의 지식인도 폴란드식 경제라는 표현을 쓰는 것을 거부하지 못
했다. 페르디난트 라살Ferdinand Lassalle이나 칼 카우츠키Karl Kautsky 같은
사회주의혁명가들은 "폴란드인의 후진성이 사회주의혁명의 도래
를 가로막고 있다"라며 좌절하기도 했다.

20세기 들어서도 폴란드에 대해 적대적인 정책을 폈던 히틀러
Adolf Hitler는 폴란드식 경제라는 표현을 폴란드인에 대한 탄압과 나
치의 폴란드침공을 정당화하는 데 사용했다. 제2차 세계대전 후에
도 독일사회에서 폴란드식 경제라는 표현이 가지고 있는 부정적인
특성은 사라지지 않았다. 1987년 언어학자 하인츠 쿠퍼Heinz Kuper가
편집한 〈독일 일상어 사전〉에서도 폴란드식 경제라는 표현은 '주

체할 수 없는 혼돈'이라는 뜻으로 풀이되어 있다.

노동자들의 땀과 희생이 폴란드식 경제의 의미를 바꾸다

그런데 최근 들어 폴란드식 경제란 단어의 의미가 크게 변화하기 시작했다. 글로벌 경제위기 속에서 소리 없이 잘나가는 국가로 폴란드를 주목하는 시선이 적지 않다.

폴란드는 탄탄한 내수와 양질의 노동력을 바탕으로 한 중견기업 등에 힘입어 강한 성장세를 보이고 있다. 2008~2011년 유럽연합 27개 회원국의 GDP증가율이 평균 -0.5퍼센트를 기록한 반면, 같은 기간 폴란드의 GDP증가율은 15.8퍼센트에 달했다. 〈파이낸셜 타임스〉는 "아직 노동효율성은 선진국인 독일에 미치지 못하지만 독일의 5분의 1 수준인 임금경쟁력을 기반으로 폴란드가 유럽의 제조업중심지로 거듭나고 있다"라고 지적하며 "경제위기의 생존자는 바로 폴란드"라고 극찬했다.

실제 폴란드는 경제성장세를 유지하기 위해 제품 아이디어를 생산에 옮길 수 있는 가장 빠른 산업기반을 마련하고 있다. 유럽 주요 자본이 제품생산을 위해 임금이 싼 중국이나 베트남으로 굳이 생산시설을 옮길 필요를 느끼지 못하도록 기업과 노동계가 합심해

노력하고 있다는 설명이다.

2010년에는 러시아를 방문하던 폴란드대통령의 전용기가 추락하면서 국가의 엘리트들을 한꺼번에 잃는 대참사가 빚어졌음에도 불구하고 경제가 큰 영향 없이 성장을 거듭할 수 있을 만큼 국가시스템도 안정되었다. 국가부채비율도 양호해 재정위기 여파까지 상당부분 비켜간 분위기다. 모건스탠리Morgan Stanley의 루치르 샤르마Ruchir Sharma 신흥시장 총괄사장은 폴란드를 가리켜 "세계경제 재도약의 발판을 마련할 대표주자"로 지목하기도 했다.

이 같은 성공의 근본배경에는 땀과 희생이 빠지지 않았다. 폴란드노동자들의 연평균 노동시간은 1,975시간으로 다른 유럽국가의 근로자들보다 훨씬 길다. 프랑스노동자들의 연평균 노동시간이 1,679시간인 점을 고려하면 폴란드인들은 프랑스인들보다 하루 1~2시간 더 일한다고 볼 수 있다. 더욱이 폴란드노동자들의 임금 수준은 독일노동자들의 20퍼센트에 불과하다. 독일노동자의 생산성이 폴란드의 2배가 넘는다는 점을 감안해도 폴란드의 가격경쟁력이 충분한 셈이다.

한마디로 옛 독일인들이 폴란드를 비하할 때 사용하던 폴란드식 경제라는 말은 이제 옛말이 되어버린 것이다. 아직 성급한 감도 있지만 이제 폴란드식 경제는 '위기에도 끄떡없는 탄탄한 경제'라는 용어로 사용될지도 모른다.

도약은 거저
이루어지지 않는다

같은 단어도 시대에 따라 뜻이 엄청나게 변하는 것을 지켜보는 것은, 일면 역사의 묘미가 아닐 수 없다.

하나의 고착화된 의미로 사용되는 용어를 전혀 다른 뜻으로 변모하게 만들 만큼 눈부신 도약을 하는 데는, 눈물겨운 노력과 땀이 숨어있었다. 이러한 사례는 드물지만 현대에도 발견된다. 부도 일보 직전의 회사로 분류되다가 관련업계의 트렌드세터로 변신한 독일의 스포츠웨어업체 푸마^{Puma}가 그러한 케이스다.

1990년 푸마의 상황은 절망적이었다. 증권가에서는 푸마에 투자하라고 권유하는 애널리스트가 없었다. 8년 연속 적자행진에, 빚은 1억 달러에 달했다. 푸마의 제품은 선수들은 물론 젊은이들로부터도 무시당했다. 창고에는 싸구려 슬리퍼 100만 켤레가 재고로 쌓여있었다.

이런 상황에서 푸마의 CEO 자리를 꿰찬 것은 29세의 풋내기 요헨 차이츠^{Jochen Zeitz}였다. 이사회가 당시 회사의 마케팅책임자였던 차이츠를 위기에 처한 회사를 구할 구원투수로 임명한 것이다. 당시 독일 일간지 〈디벨트^{Die Welt}〉는 차이츠를 '갓난아기 CEO'라 부르며 조롱했다.

하지만 이 풋내기 CEO는 회사를 살리기 위해 뼈를 깎는 대수술을 과감하게 실행에 옮겼다. 구조조정은 피할 수 없는 선택이었다. 인력을 거의 절반가량 줄였다. 창고 8개 중 6개를 폐쇄했고, 몸값 비싼 모델 대신 아름다운 경관을 홍보에 이용했다. 대신 유명디자이너와 파격적인 디자인협업을 진행하면서 브랜드이미지를 지속적으로 바꿔나갔다.

이후 중구난방이던 푸마의 로고를 통일해 일치된 기업이미지를 만들었다. 일치된 이미지가 없다면 브랜드로열티를 담보할 수 없다는 판단에 따른 조치였다. 이에 따라 차이츠는 상품진열대부터 액자까지, 매장 내 모든 요소를 '푸마스럽게' 바꿨다. 젊은 층이 제품의 기능이나 완성도가 아니라 브랜드를 보고 신발이나 운동복을 구입하던 시기와 차이츠의 처방은 잘 맞물렸다.

그 결과, 푸마는 1994년 흑자로 돌아섰고 이후 성장을 거듭했다. 2011년에는 매출 27억 유로에 영업이익 3억 6,000만 유로를 기록하는 알짜회사로 변모했다. 덩치는 나이키Nike(190억 달러), 아디다스Adidas(119억 유로)에 뒤지지만 시장인지도나 평판 면에서는 그들과 어깨를 겨룰 만한 기업으로 성장했다. 〈파이낸셜타임스〉는 2004년 차이츠를 '올해의 경영전략가'로 선정하기도 했다.

차이츠 의장과 직원들의 노력을 바탕으로 푸마는 글로벌기업으로 승승장구했다. 외부인들의 갖은 무시를 받은 그였지만 오로지 능력으로 이를 극복하고 존경받는 기업인, 시대를 바꿔나가는 존재가 됐던 것이다.

애송이 CEO가 회사 역사상 가장 훌륭한 경영인으로 칭송받고, 부도 직전의 회사가 글로벌리더로 도약한 배경에는 지름길을 찾지 않고 하나하나 벽돌을 쌓아올린 임직원들의 피땀이 자리하고 있다. 도약은 거저 이루어지지 않는 것이다.

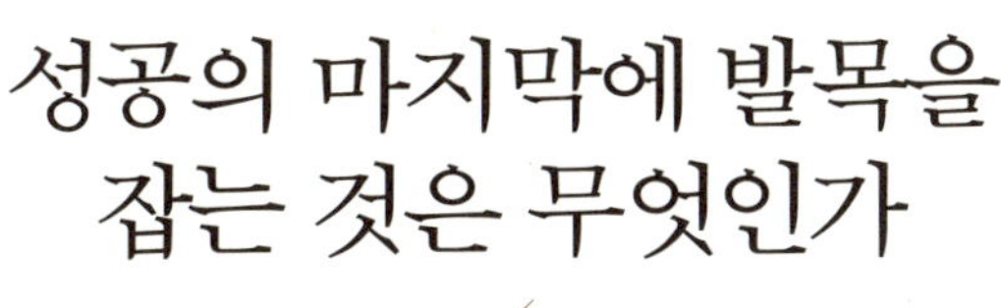

성공의 마지막에 발목을 잡는 것은 무엇인가

부도덕은 결국 파멸의 씨앗이다

아무리 잘나가는 조직이라 하더라도 잠시 신경 쓰지 않으면 금세 구멍이 생기게 마련이다. 특히 권력이 집중된 조직일수록 그 권력을 손에 쥔 사람 주변부터 썩어들어갈 위험이 상존한다. 그럼에도 사람들은 부패가 언제든 거대한 댐을 무너뜨릴 수 있고, 다른 위험과 달리 정상참작이나 용인이 불가능한 것임을 종종 잊어버리는 것 같다.

2012년 7월 영국 〈파이낸셜타임스 Financial Times〉는 '중국 정치지도자들의 친인척에게 막대한 부가 집중되면서 정실 경제가 심화되

고 있다'라고 직설적으로 꼬집는 기사를 냈다. 부모와 친인척의 후
광에 힘입어 당정과 기업의 요직에 진출한 국가지도자 자제들이
알짜배기 사업에 손을 대 큰 이익을 챙기고 있다는 지적이다.

중국 최고지도자들의
연이은 부패 스캔들

실제로 중국의 최고지도자들은 친인척관리에 성공했다는 평을
듣기는 힘들 것 같다.

후진타오胡錦濤 국가주석의 아들 후하이평胡海峰은 공항세관과 지하
철역 등에 설치되어 있는 엑스레이검사장비 공급업체 누크테크
Nuctech의 CEO를 지냈다. 그의 재임기간 중에 누크테크는 중국 내의
관련시장을 독식하다시피 했다. 그 과정에서 아프리카 나미비아공
항에 5,600만 달러 규모의 제품을 납품하다 부패혐의로 국제적인
망신을 사기도 했다.

원자바오溫家寶 총리의 부인인 장페이리張培莉는 중국 보석산업협회
의 부회장을 맡으며 보석시장을 좌지우지하고 있다. 그의 아들 원
윈쑹溫雲松은 조세피난처로 유명한 케이맨군도에 사모펀드를 만들어
자금을 운용하면서 거액을 벌어들였다. 뉴호라이즌캐피털新天域資本이
라 불리는 이 회사는 2005년 도이체방크Deutsche Bank, JP모건J. P. Morgan,

UBS 등 굴지의 금융사들을 끌어들이며 25억 달러의 자금을 조성
했다. 어느 유명 사모펀드매니저는 "태자太子 중의 태자라고 불리는
원 총리의 아들이 금융거래 입찰에 참여했다는 소식을 접하면 모
두들 알아서 경쟁을 포기했다"라고 말할 정도였다.

차기 지도자 시진핑習近平 부주석의 누나인 치차오차오齊橋橋 일가는
대형부도산 여섯 곳과 총 자산이 4억 달러에 이르는 회사를 보유하
고 있다. 대형 희토류업체 지분 18퍼센트도 치차오차오 소유다. 매
형인 우룽吳龍은 통신장비업체를 운영하면서 국영 차이나모바일
China Mobile과 대규모 계약을 맺기도 했다.

리창춘李長春 상무위원의 딸 리퉁은 미디어산업 투자에 주력하는 홍
콩 중국국제은행 총재로 재임 중이다. 장쩌민江澤民 전 주석, 리펑李鵬 전
총리, 주룽지朱鎔基 전 총리의 자식들도 각종 기업의 장을 맡고 있다.

실각한 보시라이薄熙來 전 충칭시 서기의 경우, 일가가 상장사 지
분 1억 달러어치 이상을 보유하고 있는 것으로 알려졌다. 〈파이낸
셜타임스〉는 이러한 사실과 함께 각종 소셜네트워크서비스SNS의
발달로 중국사회에서 권력층의 막대한 치부를 더 이상 감출 수 없
는 상황이 되었다고 보도했다.

이 같은 현상에 대해 중국의 언론인인 양지성楊繼繩은 "당신의 아
버지가 성의 서기라고 말하는 순간 당신의 말이 정부정책이 되고,
수십억 위안의 이권이 걸린 거래가 체결될 것이다"라고 말했다. 정
치권력과 경제활동, 사법제도가 분리되어 있지 않은 중국사회의

이면을 꼬집은 것이다.

그나마 1990년대까지만 해도 고위 지도자들은 자제들이 부를 쌓을 때 절제하도록 했지만, 지금은 아무런 제재도 받지 않는다는 지적이다. 중국공산당은 2006년 이후 고위당원의 재산공개를 추진했지만 시기가 무르익지 않았다는 이유로 공개를 미루어왔다.

중국에 진출한 다국적기업들도 중국에서 사업기회를 얻기 위해 유명가문 자제들을 앞다투어 채용하고 있다. 이들 고위직가문의 자제들은 거액의 컨설팅수수료를 두바이 등지에서 수령하는 것으로 전해졌다. 현대중국도 중국사회의 고질병이자 파멸의 씨앗이라 할 수 있는 부패문제에서 자유롭지 못한 것이다.

이와 관련하여 〈파이낸셜타임스〉는 정치엘리트에게로 부가 집중되는 현상이 현재 중국 역사상 최고수준이라 단언했다. 하지만 이런 행태는 비단 어제, 오늘 일이 아니다.

벼락출세 후 부정축재에 눈이 먼 중국의 화신

중국역사를 살펴보면 건륭제 후기 황제의 총신이던 화신和紳의 부정축재사건이 무척 유명하다.

만주 기인旗人 출신으로 특별히 내세울 학력이 없었던 화신은 20대

에는 별 볼 일 없는 근위병으로 연명했
다. 그러던 그가 1775년부터 늙은 황제의
총애를 얻어 벼락출세를 하기 시작한다.

'소년시절 가난하고 사회적으로 의지
할 데 없는 상황에서 만주관학의 문생원
(과거제도상의 학생)이 되었다'라는 짤막한
기록만 전할 정도로 그는 매우 낮은 신분
이었다. 그럼에도 1772년부터 황제의 측
근으로 일하게 되면서 인생역전의 기회
를 잡게 된 것이다.

■ 건륭제 ⓒ Wikimedia Commons

일단 황제의 눈에 들게 된 화신은 1775년 10월 내정^{內廷}의 수위인
건청문시위에 임명된 이후 11월 어전시위로 발탁되는 등 '젊은 시
절 황제가 좋아했던 궁중여인을 닮은 까닭에 황제의 총애를 얻었
다' 라는 말이 돌 정도로 이례적인 출세가도를 달리게 된다. 그는
곧바로 군기대신, 이부^{吏部}겸 호부^{戶部}상서, 문화전^{文華殿}대학사 · 일등
공^{一等公}이라는 직위를 얻어가며 엄청난 권력을 손에 쥐게 된다.

출세가 이어지자 그의 권력은 어느새 무소불위가 되어버린다.
이 와중에 화신의 아들과 건륭제의 열 번째 딸이 혼인을 맺는 일까
지 벌어졌다.

황제의 총애를 한몸에 받게 되자 화신의 부패 커넥션은 걷잡을
수 없이 커지게 된다. 미관말직까지도 화신에게 비용을 내지 않고

서는 얻어낼 수 없을 만큼 인사권을 완벽하게 장악하여 전횡을 일삼았던 것이다. 이렇게 화신은 20여 년간 인사권을 비롯한 나라살림을 좌우하면서 막대한 규모의 뇌물을 착복했다.

하지만 화신의 권력은 자신을 보호해주던 건륭제라는 방패막이 사라지자 순식간에 사라져버렸다. 건륭제의 사망에 즈음하여 화신이 새 황제로부터 불경죄, 참월죄, 전권죄, 축재죄 등 26개 죄목에 따라 자살을 명받게 되었던 것이다.

화신의 재산은 그의 죽음과 함께 황실 내무부^{內務府} 등에 몰수된다. 당시 민간의 기록에 따르면 화신의 자산액은 무려 8억 냥(일설에는 10억 냥, 1냥은 약 200그램)에 이르렀다고 한다. 이는 청조 1년치 예산의 20배라는 설명도 있고, 화신이 나라살림을 담당했던 20년간 국가수입의 절반 이상에 달하는 거액이라는 설도 있다.

자산항목도 매우 다양했다. 오늘날로 치면 자산포트폴리오를 제대로 다각화한 셈인데, 토지 8,000여 경^頃을 비롯해 가옥과 화원 등 다수의 부동산을 보유한 것은 물론 75곳의 전당포와 42곳의 은포, 골동품점 13개소, 옥기창고, 비단창고, 양화창고, 피혁창고, 자기창고, 유리창고 등을 가지고 있었던 것으로 나타났다. 여기에 수많은 금은과 진주, 보석, 산호, 옥기, 서양수입품 등도 그의 끝없는 재산목록의 한 부분을 차지하고 있었다.

구체적으로 살펴보면 화신의 집에 있던 진주팔찌가 200여 개로, 궁중에 있는 것보다 몇 배는 많았다고 한다. 그중 대주^{大珠}는 황제가 사용하는 관의 정수리에 붙이는 주옥보다 컸다고 전해진다.

　역사학자들은 그의 막대한 부가 상납으로 이뤄진 부정축재인 동시에 당시 사회의 상업화현상을 반영한다고 평가한다. 즉 뇌물을 다채로운 품목으로 수령했다는 것이다. 당시 관료의 상업행위가 금지되어 있었음에도 불구하고 화신은 상행위를 통해 매년 십수만 냥을 조달했다는 이야기인데, 이는 그의 부정부패가 얼마나 극에 달해있었는가를 방증한다고 볼 수 있겠다.

성공 앞에
한 점 부끄러움이 없기를

　이런 일들이 비단 중국에서만 벌어지는 것은 아닌 모양이다. 우리나라에서도 거액의 뇌물착복 등 부정부패와 관련한 뉴스는 해마다 끊이질 않고 있다. 고가의 양주와 가방, 넥타이 등이 포장도 뜯기지 않은 채 수도 없이 발견됐다는 뉴스를 볼 때마다, 수십년 전 역사책 속 한 장면을 보는 것만 같아 한심하고 창피한 기분이 든다. 그야말로 입에 담기도 민망한 후진국형 부정부패가 21세기에도 버젓이 진행되고 있는 것이다. 오죽하면 국내 최고의 기업이라는 삼성에서조차 한동안 '부패척결'을 최대 화두로 삼고 인사쇄신의 피바람을 일으켰을까.

아무리 성공의 정점에 놓여 있는 기업이라도, 대중에게 엄청난 사랑을 받고 있는 공인이라도, 아주 작은 부정이 그간 쌓아놓은 모든 명성과 부를 순식간에 무너뜨릴 수 있다. 우리는 그러한 예를 역사 속에서든, 우리 주변에서든 얼마든지 찾아볼 수 있다. 특히나 인터넷발달로 정보가 순식간에 퍼져나가고 대중의 분노가 한순간에 집결되는 현대사회에서는 부도덕한 행위 하나가 엄청난 후폭풍으로 당사자를 죄어올 가능성이 농후하다.

그런 마녀사냥식 단죄가 옳은지 그른지 따지는 문제는 잠시 미뤄두자. 중요한 것은 자칫 잘못하다가는 성공의 문턱에서 발목을 잡히게 될지도 모른다는 사실이다.

부도덕한 행위를 저지르고도 운이 좋아 잠시 잠깐은 들키지 않고 지나갈 수 있을지도 모른다. 그러나 언제 그러한 사실들이 밝혀질지 모른다는 불안감을 안고 얻어낸 성공이 과연 스스로를 만족시킬 수 있을까? 부도덕의 역사는 참으로 오래되었고 너무나 끈질기게 인류와 함께해왔다. 어쩌면 이것은 영원히 사라지지 않을지도 모르는 일이다. 하지만 '어쩔 수 없다'는 말만 하면서 이것을 방치하기만 한다면 우리가 이룰 수 있는 일은 세상에 아무것도 없을 것이다.

부도덕 앞에서 진심으로 분노하고 성공 앞에서 한 점 부끄러움이 없는 것. 이것이야말로 역사를 발전시키고 사람을 성장하게 만드는 마지막 열쇠라 믿는다.

1장_ 기회

- 앤드루 로버츠 지음,《나폴레옹의 마지막 도박: 1815년 6월 18일 일요일 아침 워털루》, 조행복 옮김, 플래닛(2009)
- 프랭크 맥린 지음,《전사들》, 김병황 옮김, 웅진지식하우스(2008)
- 폴 케네디 지음,《강대국의 흥망》, 황건 외 옮김, 한국경제신문사(1994)
- 마르틴 반 크레펠트 지음,《보급전의 역사: 전쟁의 제1법칙 보급이 전장을 좌우한다》, 우보형 옮김, 플래닛(2010)
- 스티븐 H. 헤켈 지음,《감지-반응 기업: 21세기형 기업조직의 새로운 모델》, 정명호·원인성 옮김, 세종서적(2001)
- 로이드 E. 이스트만 지음,《중국사회의 지속과 변화: 중국사회경제사 1550-1949》, 이승휘 옮김, 돌베개(2000)
- 하오옌핑 지음,《동양과 서양, 전통과 근대를 잇는 상인 매판: 중국 최초의 근대상인을 찾아서》, 이화승 옮김, 씨앗을 뿌리는 사람(2002)
- 안드레 군더 프랑크 지음,《리오리엔트》, 이희재 옮김, 이산(2003)
- 이영림·주경철·최갑수 지음,《근대 유럽의 형성 16~18세기》, 까치(2011)
- 조한욱 지음,《역사에 비친 우리의 초상》, 위즈덤하우스(2011)
- 루돌프 파이퍼 지음,《인문정신의 역사: 서양은 어떻게 인문학을 부흥시켰는가》, 정기문 옮김, 길(2011)
- 도널드 N. 설 지음,《위기를 기회로 바꾸는 기업혁신의 법칙》, 안진환 옮김,

웅진닷컴(2003)

- 기쿠치 요시오 지음,《신성로마제국: 결코 사라지지 않는 로마》, 이경덕 옮김, 다른세상(2010)

- 로베르토 리돌피,《마키아벨리 평전: 시인을 닮은 한 정치가의 초상》, 곽차섭 옮김, 아카넷(2000)

- 쿠엔틴 스키너 지음,《마키아벨리의 이해》, 강정인 편역, 문학과지성사(1993)

- 주경철 지음,《테이레시아스의 역사》, 산처럼(2002)

- 루이 알튀세르 지음,《마키아벨리의 가면》, 오택근 · 김정한 옮김, 이후(2002)

- 니콜로 마키아벨리 지음,《군주론》, 임명방 옮김, 삼성출판사(1990)

- 하워드 슐츠 · 조앤 고든 지음,《온워드: 스타벅스 CEO 하워드 슐츠의 혁신과 도전》, 안진환 · 장세현 옮김, 8.0(2011)

- '노키아 · 소니, 성공에 취해 추격자 못봤다' , 〈한국경제신문〉 2012년 5월 15일자

- 'M&A 준비에 시간과 공 들이되 딜 자체와 사랑에 빠지지 말라' , 〈한국경제신문〉 2012년 7월 4일자

- Hew Strachan, 'Military Modernization, 1789-1918' in T. C. W. Blanning (Edited), The Oxford Illustrated History of Modern Europe, Oxford University Press(1996)

- Eberhard Weis, Propyläen Geschichte Europas 4-Der Durchbruch des Bürgertums 1776-1847, Propyläen Verlag(1992)

- William T. Rowe, China's Last Empire-The Great Qing, Harvard University Press(2009)

- Immanuel C. Y. Hsü, The Rise of Modern China, Oxford University Press(2000)

- John A. Marino(Edited), Early Modern Italy 1550~1796, Oxford University Press(2002)

- Jean Berenger, A History of the Habsburg Empire 1273-1700, Longman(1994)

- Paula Sutter Fichtner, The Habsburg Monarchy 1490-1848, Palgrave Macmillan(2003)

- Robert A. Kann, A History of the Habsburg Empire 1526-1918, University of California Press(1974)
- Charles Ingrao, The Habsburg Monarchy 1618-1815, Cambridge University Press(1994)
- Alan Sked, The Decline and Fall of the Habsburg Empire 1815-1918, Longman(1994)
- Alfred Kohler, Das Reich im Kampf um die Hegemonie in Europa 1521-1648, R. Oldenbourg Verlag(1990)
- Ellen Kullman, 'DuPont's CEO on Executing A Complex Cross-Border Acquisition', Harvard Business Review July-August(2012)
- Michael White, Machiavelli-A Man Misunderstood, Abacus(2007)
- John M. Najemy, 'The Controversy surrounding Machiavelli's service to the republic' in Gisela Bock · Quentin Skinner · Maurizio Viroli(edited), Machiavelli and Republicanism, Cambridge University Press(1993)

2장_ 도전

- 피터 슈워츠 지음,《미래를 읽는 기술: 준비하지 않는 개인과 기업에게는 미래가 와도 소용없다》, 박술라 옮김, 비즈니스북스(2004)
- 오웬 라티모어 卿 지음, '전통중국과 공산중국(좌담)', 이영희 편역,《8억인과의 대화: 현지에서 본 중국대륙》, 창비(1993)
- 에드가 스노우 지음,《중국의 붉은 별》, 신홍범 옮김, 두레(1994)
- 벤저민 양 지음,《덩샤오핑 평전》, 권기대 옮김, 황금가지(2004)
- 헤리슨 E. 솔즈베리 지음,《대장정: 작은 거인 등소평》, 정성호 옮김, 범우사(1985)
- 지니 다니엘 덕 지음,《체인지 몬스터: 변화하는 조직 속에 숨어 있는 체인지 몬스터 극복하는 법》, 보스턴컨설팅그룹 옮김, 더난출판(2001)

- 홍하상, 《세계를 움직이는 삼성의 스타 CEO》, 비전코리아(2005)
- 최봉 外 지음, 《한국 주력산업의 경쟁력 분석》, 삼성경제연구소(2002)
- 배리 스트라우스 지음, 《스파르타쿠스 전쟁: 야만과 문명이 맞선 인류 최초의 게릴라전》, 최파일 옮김, 글항아리(2011)
- 세스 고딘 지음, 《이상한 놈들이 온다: 대중의 죽음 별종의 탄생》, 최지아 옮김, 21세기북스(2011)
- 세오 사쓰히코 지음, 《장안은 어떻게 세계의 수도가 되었나》, 최재영 옮김, 황금가지(2006)
- 조엘 코트킨 지음, 《도시의 역사》, 윤철희 옮김, 을유문화사(2007)
- 박한제 지음, 《제국으로 가는 긴 여정》, 사계절(2003)
- 이시다 미키노스케 지음, 《장안의 봄》, 이동철 外 옮김, 이산(2004)
- 아서 라이트 · 데니스 트위체트 지음, 《당대사의 조명》, 위진수당사학회 옮김, 아르케(1999)
- 도로시 레너드 · 월터 스왑 지음, 《스파크: 집단의 창의력에 불을 붙여라》, 나상억 옮김, 세종서적(2001)
- 톰 켈리 · 조너던 리트맨 지음, 《유쾌한 이노베이션》, 이종인 옮김, 세종서적(2002)
- 크리스티앙 그라탈루 지음, 《대륙의 발명: 유럽은 세계를 어떻게 분할했나》, 이대희 · 류지석 옮김, 에코리브르(2010)
- 미야 노리코 지음, 《조선이 그린 세계지도: 몽골제국의 유산과 동아시아》, 김유영 옮김, 소와당(2010)
- 쥴리 M. 펜스터 지음, 《의학사의 이단자들: 현대 의학을 일군 개척자들의 열정과 삶》, 이경식 옮김, Human&Books(2004)
- 주경철, '콜럼버스는 종말론자였다. 항해의 진짜 목적지는 지상낙원', 〈주간조선〉 2010년 3월 15일자
- '리더십 부족한 갈등의 시대… 정주영 "해봤어" 정신 그리워', 〈한국경제신문〉 2011년 3월 12일자
- Matthias Gelzer, Caesar-Politician and Statesman, Harvard University

Press(1968)

- Geremie R. Barme, In the Red-On Contemporary Chinese Culture, Columbia University Press(1999)
- Christian I. Archer et al., World History of Warfare, University of Nebraska Press(2002)
- Alberto Alesna · Enrico Spolaore, The Size of Nations, MIT press(2005)
- Alice H. Amsden, Asia's Next Giant-South Korea and Late Industrialization, Oxford University Press(1989)
- M. I. Finley, The Ancient Economy, University of California Press(1999)
- S. A. M. Adshead, T'ang China- the Rise of the East in World History, Palgrave Macmillan(2004)
- Patricia Buckley Ebrey, Cambridge Illustrated History of China, Cambridge University Press(2001)
- Lien-sheng Yang, 'Historical Notes on the chinese World Order', in John K. Fairbank (Edited), The Chinese World Order-Traditional China's Foreign Relations, Harvard University Press(1968)

3장_ 기술개발

- 레이 황 지음, 《1587년 아무 일도 없었던 해: 명나라 말기의 어두운 사회상》, 박상이 옮김, 가지않은 길(1997)
- 버나드 로 몽고메리 지음, 《전쟁의 역사 1》, 승영조 옮김, 책세상(1995)
- 페르낭 브로델 지음, 《물질문명과 자본주의: 일상생활의 구조 1-2》, 주경철 옮김, 까치(1995)
- 톰 켈리 · 조너던 리트맨 지음, 《유쾌한 이노베이션》, 이종인 옮김, 세종서적(2002)
- 주디스 헤린 지음, 《비잔티움: 어느 중세 제국의 경이로운 이야기》, 이순호 옮

김, 글항아리(2010)

- 게오르크 오스트로고르스키 지음, 《비잔티움제국사 324~1453》, 한정숙 · 김
경연 옮김, 까치(1999)

- 존 줄리어스 노리치 지음, 《비잔티움 연대기2: 번영과 절정》, 남경태 옮김, 바
다출판사(2007)

- 임석재, 《계단, 문명을 오르다: 계단의 역사를 통해 본 서양문명사 고대~르네
상스》, 휴머니스트(2009)

- 제레미 구체 지음, 《트렌드헌터》, 정준희 옮김, 리더스북(2010)

- 마이클 에이더스 지음, 《기계, 인간의 척도가 되다: 과학, 기술, 그리고 서양
우위의 이데올로기》, 김동광 옮김, 산처럼(2011)

- 퍼트리샤 파라, 《우리가 미처 몰랐던 편집된 과학의 역사》, 김학영 옮김, 21세
기북스(2010)

- '김광현의 IT 집중분석- 美 전자책 月 1억弗 돌파…종이책은 선물용?', 〈한국
경제신문〉 2011년 8월 29일자

- '90조 가치 기술유출에 또 외국계 협력사', 〈한국경제신문〉 2012년 6월 28일자

- '131년 역사의 코닥, 벼랑 끝에 섰다', 〈한국경제신문〉 2011년 10월 3일자

- '살얼음판 IT세계대전', 〈한국경제신문〉 2012년 7월 3일자

- Peter Lorge, War, Politics and Society in early modern China 900-1795,
Routledge(2005)

- J. R. Halle, 'Armies, Nations and the Art of War' in R. B. Wernham(Edited),
The New Cambridge Modern History Vol.3-The Counter-Reformation and
Price Revolution 1559-1610, Cambridge University Press(1981)

- Christian I. Archer et al., World History of Warfare, University of Nebraska
Press(2002)

- Donald M. Nicol, The Last Centuries of Byzantium 1261-1453, Cambridge
University Press(1993)

- George L. Mosse, Die Geschichte des Rassismus in Europa, Fischer(2006)

- 'Lessons from an early failure', Financial Times 2012년 6월 25일자

4장_ 리더십

- 미야자키 이치사다 지음, 《구품관인법의 연구》, 임대희 · 신성곤 · 전영섭 옮김, 소나무(2002)
- 헤르만 프랭켈 지음, 《초기 희랍의 문학과 철학 1》, 김남우 · 홍사현 옮김, 아카넷(2011)
- 김범 지음, 《연산군: 그 인간과 시대의 내면》, 글항아리(2010)
- 조동훈 지음, 《사례 중심의 벤처경영학》, 한올출판사(2001)
- 오함 지음, 《주원장전》, 박원호 옮김, 지식산업사(2003)
- 하비 세이프터 · 피터 이코노미 지음, 《리더십 앙상블: 지휘자 없는 오케스트라의 수평조직 혁명》, 강미경 옮김, 세종서적(2003)
- 존 그레이 지음, 《추악한 동맹: 종교적 신념이 빚어낸 현대정치의 비극》, 추선영 옮김, 이후(2011)
- 존 킹 페어뱅크 지음, 《신중국사》, 중국사연구회 번역, 까치(1994)
- 로렌스 피터 · 레이몬드 힐 지음, 《피터의 원리: 승진할수록 사람들이 무능해지는 이유》, 나은영 · 서유진 옮김, 21세기북스(2009)
- 사타케 야스히코 지음, 《유방》, 권인용 옮김, 이산(2007)
- 아리 드 호이스 지음, 《살아있는 기업: 격동기를 헤쳐 나가는 초우량 학습기업의 성공비결》, 손태원 옮김, 세종서적(2000)
- 로버트 로젠탈 · 레노어 제이콥슨 지음, 《피그말리온 효과》, 심재관 옮김, 이끌리오(2003)
- 토머스 C. 셸링 지음, 《미시동기와 거시행동: 이기주의와 사회, 그 순기능과 역기능》, 정창인 옮김, 한국경제신문사(1992)
- 헬무트 쉬나이더 外 지음, 《노동의 역사: 고대 이집트에서 현대 산업사회까지》, 한정숙 옮김, 한길사(1994)
- 안병직 지음, '19세기 독일의 수공업과 노동계급—침식제Kost-und Logiswesen의 해체 현상을 중심으로', 이민호 교수 정년기념논총 간행위원회 엮음, 《유럽사의 구조와 전환》, 느티나무(1993)

• 이민호 外 지음,《노동계급의 형성: 영국 · 프랑스 · 독일 · 미국 · 러시아에 있어서》, 느티나무(1995)

• 최영순 지음,《경제사 오디세이》, 부키(2002)

• 이민호 지음,《독일사》, 대한교과서주식회사(1996)

• 하겐 슐체 지음,《새로 쓴 독일 역사》, 반성완 옮김, 지와사랑(2000)

• '경기예측은 어떻게 하나-미니스커트, 립스틱이 잘 팔리면 왜 불황일까?', 〈한국경제신문〉 2006년 9월 26일자

• '소통과 호통, 기업문화에 정답은 없다… 믿음만 있을 뿐', 〈한국경제신문〉 2009년 11월 11일자

• '기업인 탐구-워런 버핏의 손자회사 대구텍 모셰 샤론 사장', 〈한국경제신문〉 2012년 4월 27일자

• '최철규의 소통 리더십-직원들이 시킨대로 일 안한다고? 세밀화 그리듯 정교하게 지시해야', 〈조선일보〉 2012년 2월 25일자

• Mark Edward Lewis. The Early Chinese Empires-Qin and Han, Harvard University Press(2007)

• Paul Cartledge, Alexander the Great, Vintage(2004)

• A. B. Bosworth, Alexander and the East- The Tragedy of Triumph, Oxford University Press(1998)

• George B. Tindall & David E. Shi, America-A Narrative History, Norton(1996)

• Shih-shan Henry Tsai, Perpetual Happiness-The Ming Emperor Yongle, University of Washington Press(2001)

• Geremie R. Barme, In the Red-on Contemporary Chinese Culture, Columbia University Press(1999)

• 'Welcome to the Bossless Company', Wall Street Journal 2012년 6월 19일자

• Isaac Deutscher, Stalin- A Political Biography, Oxford University Press(1967)

• Richard Pipes, Communism- A History, Modern library(2001)

• Nicholas V. Riasanovsky, A History of Russia, Oxford University Press(1993)

• Geoffrey Hosking, Russia and the Russians- A History, Harvard University

Press(2001)

- Gordon A. Craig, The Germans, Meridian Book(1983)
- A. J, Nicholls, The Bonn Republic- West German Democracy 1945-1990, Longman(1997)
- Adam Ferguson, When Money Dies—The Nightmare of Deficit Spending, Devaluation, and Hyperinflation in Weimar Germany, Publicaffairs(2010)
- Hagen Schulze, Weimar-Deutschland 1917-1933, Siedler Verlag(1993)
- Eberhard Kolb, The Weimar Republic, Unwin Hyman(1988)
- Rondo Cameron, A Concise Economic History of the World-From Paleolithic to the Present, Oxford University Press(1993)
- Martin Kitchen, The Cambridge Illustrated History of Germany, Cambridge University Press(2000)

5장_ 도약

- 루스 베네딕트 지음, 《국화와 칼: 일본 문화의 틀》, 김윤식 · 오인석 옮김, 을유문화사(1993)
- 김용덕 지음, 《일본근대사를 보는 눈》, 지식산업사(1997)
- 피터 두으스 지음, 《일본근대사》, 김용덕 옮김, 지식산업사(2000)
- 모리시마 미치오 지음, 《왜 일본은 ‘성공’ 하였는가?》, 이기준 옮김, 일조각(2000)
- 야마구치 게이지 지음, 《일본근세의 쇄국과 개국》, 김현영 옮김, 혜안(2001)
- 길승흠 지음, 《현대일본정치론》, 서울대학교출판부(1998)
- 줄리 M. 펜스터 지음, 《의학사의 이단자들: 현대 의학을 일군 개척자들의 열정과 삶》, 이경식 옮김, 휴먼북스(2004)
- 로이 포터 지음, 《의학콘서트》, 이충호 옮김, 예지(2007)
- 제컬리 더핀 지음, 《의학의 역사》, 신좌섭 옮김, 사이언스북스(2006)

- 임지현 지음,《바르샤바에서 보낸 편지》, 강(1998)
- 롤프 헤르베르트 페터스 지음,《푸마 리턴－사망선고 브랜드의 화려한 부활전략, 박여명 옮김, 브레인스토어(2011)
- 조병한 지음, '淸代 중기 부정부패의 구조와 제국의 쇠퇴', 이기백 엮음,《한국사 시민강좌 제22집》中, 일조각(1998)
- 이시바시 다카오 지음,《대청제국 1616~1799: 100만의 만주족은 어떻게 1억의 한족을 지배했을까》, 홍성구 옮김, 휴머니스트(2009)
- 켄트 가이 지음,《사고전서》, 양휘웅 옮김, 생각의나무(2009)
- '디자이너 없는 디자인 기업 … 주방용품을 예술로 만들다', 〈한국경제신문〉 2012년 6월 28일자
- '美정보기관, 9·11 테러 정보 취급 소홀', 〈연합뉴스〉 2003년 7월 22일자
- William T. Rowe, China's Last Empire-The Great Qing, Harvard University Press(2009)
- 'The Family fortune of Beijing's new few', Financial Times 2012년 7월 11일자
- 'Weiter stabiles Wachstum in Osteuropa-Trotz Rezession in Eurozone gute Prognose für CEE-Region', Wiener Zeitung 2012년 7월 6일자
- 'Poland's growth defies eurozone crisis', Financial Times 2012년 7월 1일자
- Hubert Orlowski, 'Polnische Wirtsschaft'-Ausformung eines hartnäckigen Vorurteils(http://www.kulturforum-ome.de/pdf/1000355a.pdf)

이 책에 들어간 사진들 중에는 저작권자를 찾지 못해
출처만 명기하고 사용한 것들이 있습니다.
이에 관해 문의하실 분들은 편집부로 연락해주시기 바랍니다.

사람이 묻는다
역사가 답한다

2012년 8월 21일 초판 1쇄 인쇄
2012년 8월 27일 초판 1쇄 발행

지은이 | 김동욱
발행인 | 전재국

본부장 | 이광자
단행본개발실장 | 박지원
책임편집 | 김효선 박나미 정은선
마케팅실장 | 정유한
책임마케팅 | 정남익 김진학 임형준
제작 | 정웅래 박순이

발행처 (주)시공사
출판등록 1989년 5월 10일(제3-248호)
브랜드 알키

주소 | 서울 서초구 사임당로 82(우편번호 137-879)
전화 | 편집(02)2046-2864 · 마케팅(02)2046-2800
팩스 | 편집(02)585-1755 · 마케팅(02)588-0835
홈페이지 | www.sigongsa.com

ISBN 978-89-527-6667-0 13320

알키는 (주)시공사의 브랜드입니다.